O sentido oblativo
da vida

COLEÇÃO BÍBLIA EM COMUNIDADE

PRIMEIRA SÉRIE
VISÃO GLOBAL DA BÍBLIA
1. Bíblia, comunicação entre Deus e o povo – Informações gerais
2. Terras bíblicas: Encontro de Deus com a humanidade – Terra do povo da Bíblia
3. O povo da Bíblia narra suas origens – Formação do povo
4. As famílias se organizam em busca da sobrevivência – Período tribal
5. O alto preço da prosperidade – Monarquia unida em Israel
6. Em busca de vida, o povo muda a história – Reino de Israel
7. Entre a fé e a fraqueza – Reino de Judá
8. Deus também estava lá – Exílio na Babilônia
9. A comunidade renasce ao redor da Palavra – Período persa
10. Fé bíblica: uma chama brilha no vendaval – Período greco-helenista
11. Sabedoria na resistência – Período romano
12. O eterno entra na história – A terra de Israel no tempo de Jesus
13. A fé nasce e é vivida em comunidade – Comunidades cristãs de Israel
14. Em Jesus, Deus comunica-se com o povo – Comunidades cristãs na diáspora
15. Caminhamos na história de Deus – Comunidades cristãs e sua organização

SEGUNDA SÉRIE (em preparação)
TEOLOGIAS BÍBLICAS
1. Deus ouve o clamor do povo (Teologia do êxodo)
2. Vós sereis o meu povo e eu serei o vosso Deus (Teologia da aliança)
3. Iniciativa de Deus e co-responsabilidade humana (Teologia da graça)
4. O Senhor está neste lugar e eu não sabia (Teologia da presença)
5. Profetas e profetisas na Bíblia (Teologia profética)
6. O sentido oblativo da vida (Teologia sacerdotal)
7. Teologia sapiencial
8. Grava-me como selo sobre teu coração (Teologia bíblica feminista)
9. Teologia rabínica
10. Paulo, apóstolo de Jesus Cristo pela vontade de Deus! (Teologia paulina)
11. Teologia de Marcos
12. Teologia de Mateus
13. Lucas e Atos: uma teologia na história (Teologia lucana)
14. Teologia joanina
15. Teologia apocalíptica
16. Teologia espiritual
17. As origens apócrifas do cristianismo (Teologia apócrifa)

TERCEIRA SÉRIE (em preparação)
PALAVRA: FORMA E SENTIDO – GÊNEROS LITERÁRIOS
1. Introdução aos gêneros literários
2. Gênero narrativo
3. Gênero historiográfico
4. Gênero normativo/legislativo
5. Gênero profético
6. Gênero sapiencial
7. Gênero poético
8. Gênero apocalíptico
9. Gênero evangelho/epístola – ST

QUARTA SÉRIE (em preparação)
RECURSOS PEDAGÓGICOS ORIENTADOS PARA:
Visão global da Bíblia – 1
Teologias bíblicas – 2
Métodos de estudo da Bíblia – 3
Análise de textos – 4
Modelo de ajuda – 5
Atender fisicamente – 5.1
Observar – 5.2
Escutar – 5.3
Responder dialogando – 5.4
Personalizar – 5.5

Paulo Sérgio Soares

O sentido oblativo da vida

Teologia sacerdotal

Teologias bíblicas 6

Dados Internacionais de Catalogação na Publicação (CIP)
(Câmara Brasileira do Livro, SP, Brasil)

Soares, Paulo Sérgio
    O sentido oblativo da vida : teologia sacerdotal / Paulo Sérgio
Soares. – São Paulo : Paulinas, 2008. – (Coleção Bíblia em comunidade.
Série teologias bíblicas ; v. 6)

    Bibliografia
    ISBN 978-85-356-2297-3

    1. Igreja - História 2. Presbíteros 3. Sacerdócio - Ensino bíblico
4. Sacerdócio - História 5. Teologia pastoral I. Título. II. Série.

08-06434   CDD-253

Índice para catálogo sistemático:

1. Sacerdócio : História : Cristianismo 253

Citações bíblicas: *Bíblia Sagrada*. 2. ed. Tradução da CNBB, 2002.

Direção-geral:	*Flávia Reginatto*
Editora responsável:	*Vera Ivanise Bombonatto*
Copidesque:	*Maria Goretti de Oliveira*
Revisão:	*Ruth Mitzuie Kluska*
Direção de arte:	*Irma Cipriani*
Gerente de produção:	*Felício Calegaro Neto*
Capa:	*Manuel Rebelato Miramontes*
Editoração eletrônica:	*Sandra Regina Santana*

Nenhuma parte desta obra poderá ser reproduzida ou transmitida
por qualquer forma e/ou quaisquer meios (eletrônico ou mecânico,
incluindo fotocópia e gravação) ou arquivada em qualquer sistema ou
banco de dados sem permissão escrita da Editora. Direitos reservados.

SAB – Serviço de Animação Bíblica
Av. Afonso Pena, 2.142 – Bairro Funcionários
30130-007 – Belo Horizonte – MG
Tel.: (31) 3269-3737 – Fax: (31) 3269-3729
e-mail: sab@paulinas.org.br

Paulinas
Rua Pedro de Toledo, 164
04039-000 – São Paulo – SP (Brasil)
Tel.: (11) 2125-3549 – Fax: (11) 2125-3548
Telemarketing e SAC: 0800-7010081
http://www.paulinas.org.br – editora@paulinas.com.br

©Pia Sociedade Filhas de São Paulo – São Paulo, 2008

Um coração para amar,
Para perdoar e sentir,
Para chorar e sorrir,
Ao me criar tu me deste.
[...]
Eis o que venho te dar,
Eis o que ponho no altar.
Toma, Senhor, que ele é teu.
Meu coração não é meu.[1]

---

[1] OLIVEIRA, José Fernandes (Pe. Zezinho, scj). Um coração para amar. CD *Sereno e forte*. São Paulo, Comep/Paulinas, 2002.

Apresentação

No livro *O sentido oblativo da vida* o autor trabalha, com esmero, o tema do sacerdócio e dos escritos do grupo sacerdotal contidos na Bíblia. O seu intuito é mostrar o sentido oblativo da vida dos que são escolhidos por Deus para esta missão específica, no ministério sacerdotal e no sacerdócio comum dos fiéis.

Paulo Sérgio, ao longo de sua obra, ressalta a importância da função sacerdotal na caminhada do povo da Bíblia. Ele perpassa os escritos bíblicos desde o período das Matriarcas e dos Patriarcas, quando esta função era exercida pelo patriarca da grande família, e chega à institucionalização da função sacerdotal no pós-exílio. No final do Primeiro e início do Segundo Testamento, o cargo, sobretudo o de sumo sacerdote, tornou-se motivo de disputa de interesses. O autor trabalha com primor o escrito aos Hebreus, que apresenta Jesus como o Sumo Sacerdote e, por fim, o sacerdócio comum dos fiéis, uma das dimensões importantes de todo batizado.

Este texto traz um longo estudo sobre a função e o ministério sacerdotal nas Escrituras, a partir dos escritos bíblicos, redigidos, em grande parte, pela própria classe sacerdotal. Sem dúvida, será um recurso muito importante para todos os que desejam conhecer as Escrituras nos seus diferentes temas, mas, de modo especial, para seminaristas que se preparam para o ministério sacerdotal.

O livro faz parte do Projeto Bíblia em Comunidade, o qual visa à formação sistemática do estudo da Bíblia, capacitando as pessoas a se tornarem agentes multiplicadores com a

Palavra, em suas comunidades. Elas iniciam-se pelo bê-á-bá com a "Visão global", perpassam as "Teologias bíblicas", estudam os diversos gêneros literários presentes na Bíblia e têm acesso a "Recursos pedagógicos", que as ajudam a aprofundar e transmitir o conhecimento adquirido e experienciado. Tudo isso, para melhor compreenderem e interpretarem as Escrituras, para que elas se tornem um alimento substancioso que sacie a fome própria e a do povo de Deus.

Você tem em mãos um subsídio valioso sobre o tema da teologia sacerdotal, compreendida a partir dos textos das Escrituras. O estilo é fácil, simples e compreensível, mesmo que a temática seja complexa, o que é próprio do Paulo Sérgio.

Romi Auth, fsp
Serviço de Animação Bíblica (SAB)

Introdução

Neste livro abordamos alguns dos textos bíblicos nos quais descobrimos a teologia nascida e amadurecida com a dimensão oblativa presente em nossa vida, e cuja expressão mais forte e profunda é o culto. Essa teologia encontra seu fundamento no próprio dom que Deus faz de si mesmo e sua progressão nos sucessivos dons que Ele nos dá: a vida e a existência, a terra, a Torá, a Aliança, a liberdade, a bênção. A oferta de Deus à humanidade atinge seu ápice no dom do próprio Filho, que "ofereceu-se a si mesmo por nós", dando-nos a graça da salvação (cf. Ef 5,1-2).

O primeiro capítulo trata do *culto de Israel centrado na gratuidade*. Os sacrifícios oferecidos no culto exprimem o diálogo oblativo, em que Israel agradece a Deus pelos dons recebidos e espera dele a bênção de novos dons. Os ministros do culto, os sacerdotes israelitas, não somente se especializaram nos ritos cultuais, mas também desenvolveram toda a legislação ligada ao culto, sendo responsáveis pela edição final de vários livros das Escrituras. Foi um grupo desses sacerdotes quem elaborou a grande parte dos textos bíblicos referentes a esse assunto, dos quais emerge o que neste livro chamamos de "teologia sacerdotal".

O segundo capítulo apresenta mais de perto esse grupo: *os sacerdotes em Israel, ministros do culto oblativo*. Aborda várias questões ligadas à classe sacerdotal, como a etimologia e o uso do termo *sacerdote*, sua organização interna em grupos distintos, suas funções e sua relação com o poder. São analisados os textos das Escrituras Judaicas em que aparece algum sacerdote, de acordo com as grandes etapas da história do povo de Israel, numa perspectiva histórico-crítica.

O terceiro capítulo busca, então, *a teologia sacerdotal nas Escrituras judaicas*, analisando os textos que são atribuídos à fonte sacerdotal (P), na ordem em que eles estão atualmente na Bíblia, ressaltando aqueles elementos que permitem ler esses textos na ótica da oblatividade. De Gênesis a Números percebemos como a mão sacerdotal veio tecendo uma espécie de "história de Israel" baseada na sua relação com Deus, marcada, sobretudo, pela gratuidade de Deus, nem sempre compreendida e correspondida por Israel.

O quarto capítulo constitui um pequeno resumo dos principais *elementos teológicos da Obra Sacerdotal,* que emergem dos textos escriturísticos, vistos no capítulo anterior, em que parece ser central a questão do dom da terra que Deus faz aos israelitas. Diante dessa grande dádiva, o povo deveria manifestar seu agradecimento na forma do culto sacrifical, pois é no seu culto que Israel demonstra sua particular pertença ao único Senhor e Deus, que é santo e exige também a santidade de seu povo. Daí a insistência da teologia sacerdotal na pureza ritual e também interior, acentuadas principalmente pelo ritual da expiação.

Finalmente, o quinto capítulo apresenta *a Tradição Sacerdotal, na releitura cristã das Escrituras.* Quer descobrir a presença da ótica oblativa nos textos cristãos, que usam a linguagem do *sacrifício* e do *sacerdócio,* para apresentar a doação de Cristo na cruz e o ministério que daí nasceu, para todo aquele e toda aquela que se une a ele pela fé. Com isso, pretendemos superar aquela visão negativa de que o Pai "sacrificou" seu Filho, quando nós é que devíamos ser sacrificados para "pagar nossos pecados", como se Deus fosse algum animal sedento de sangue. Os principais textos das Escrituras cristãs, que poderiam nos induzir a essa leitura errônea da oferta de Cristo, são analisados, então, na ótica oblativa, no intuito de dirimir qualquer dúvida quanto à gratuidade do dom de Deus, em seu Filho, que reforça, assim, *o sentido oblativo da vida.*

I
O culto israelita centrado na gratuidade

O culto a Deus não é apenas prerrogativa dos israelitas. Todos os povos têm as suas manifestações religiosas e cultuais e as expressam de diversas formas, por meio de ritos, símbolos e danças. O povo da Bíblia também traz uma longa tradição religiosa e cultual, expressa nos escritos bíblicos. Um número considerável desses textos foi escrito pelo grupo sacerdotal, ao longo da história.

A Obra Sacerdotal e a busca do sentido oblativo da vida

Há certo grupo de textos nas Escrituras judaicas chamados de Obra Sacerdotal[1] ou Tradição Sacerdotal, seja porque boa parte deles teria sido escrita por sacerdotes israelitas, entre os séculos VII-IV antes da era comum (a.E.C.),[2] seja porque eles revelam as reflexões, preocupações e anseios da classe sacerdotal e sua maneira de ver a vida, a história, o mundo. Esses textos estão espalhados, sobretudo, no Pentateuco e é difícil estabelecer, com precisão, onde começam e onde terminam, já que se misturam com outras tradições

---

[1] Identificado nos comentários bíblicos com a sigla "P", de *Priestercodex* (código sacerdotal), em alemão.

[2] Usaremos a sigla *a.E.C.* para "antes da Era Comum" e *E.C.* para "Era Comum", que é a contagem atual dos anos, adotada por todos os países.

textuais, a saber, a Tradição Javista (J),[3] a Eloísta (E)[4] e a Deuteronomista (D).[5]

De fato, os sacerdotes israelitas, principalmente do exílio (587 a 538 a.E.C.) e do pós-exílio (538 a 333 a.E.C.), não se limitaram a produzir sua própria literatura, mas, acima de tudo, reinterpretaram, releram as tradições do povo, várias delas tendo já passado da fase de transmissão oral para a transmissão escrita. Também foram eles que deram o "acabamento" àquelas que vieram a ser, mais tarde, as Escrituras judaicas, ou a maior parte do Primeiro Testamento. Mais longe vai Wolfgang Gruen,[6] quando considera que o sacerdote Esdras (séc. V a.E.C.) seja "o pai do judaísmo". Isso significa que o grupo sacerdotal israelita, particularmente o que viveu entre os anos 600 e 400 a.E.C., influenciou profundamente o pensamento e a vida dos israelitas com sua visão de mundo, sua maneira de ser, seus ideais e suas preocupações.

O que consideramos, então, como "teologia sacerdotal" neste livro é a reflexão, fruto de uma práxis que revela a busca de um sentido religioso para a vida, nos seus mais diversos aspectos. Acreditamos que a maior contribuição desse texto e dessa teologia sacerdotal seja a busca do sentido oblativo, oferente da vida. Ser oblativo é sintonizar-se com o Deus oferente, que se dá e continuamente oferece seus dons à humanidade. A partir dessa dimensão oblativa podemos reconstruir toda

---

[3] Tradição Javista ou simplesmente Javista (J) é o nome dado ao grupo que escreveu grande parte dos textos do Pentateuco e chamou a Deus com o nome Javé.

[4] Tradição Eloísta ou Eloísta (E) escreveu grande parte do Pentateuco e chamou a Deus com o nome de Elohim.

[5] Tradição Deuteronomista ou Deuteronomista (Dt) vem da palavra Deuteronômio, que no grego significa segunda lei. Esse grupo pertence a uma escola formada por estudiosos, aos quais são atribuídos 7 livros do Primeiro Testamento: 1 e 2 Samuel, 1 e 2 Reis, Jz, Js e Dt.

[6] *O tempo que se chama hoje*. São Paulo, Paulus, 1977. p. 184.

uma visão de mundo, de história, das lutas e das esperanças do povo da Bíblia. É esse o "fio da meada" desse livro sobre a teologia sacerdotal.

O sentido oblativo presente na relação com Deus

Por que gostamos de oferecer, de dar, de presentear às pessoas? É porque todos e todas trazemos em nosso próprio ser a dimensão oblativa. Somos seres oblativos. Quanto mais nos sentimos agraciados por tantos favores, mais nos tornamos capazes de ser gratuitos e gratuitas, a ponto de recusarmos com veemência a retribuição por coisas que fizemos, por espontânea vontade de dar, de oferecer. Essa dimensão oblativa se manifesta também em nossa relação com Deus: espontaneamente queremos ofertar, oferecer, apresentar oferendas e sacrifícios em honra a Deus, para agradar-lhe, pedir-lhe bênçãos, agradecer-lhe, suplicar por perdão ou por proteção, ou somente para louvar sua grandeza e afirmar sua soberania sobre tudo e todos. Por isso, desde os inícios da humanidade, a relação com o divino traz a marca da oblatividade, e o ato de oferecer constitui o centro de todo culto, em todas as religiões. De fato, não existe uma religião que não tenha alguma forma de culto e nenhum culto sem algum ato de oferecimento.

Podemos dizer que, segundo a Bíblia, a dimensão oblativa, isto é, de oferecimento, de entrega, de doação, é própria do ser humano, e isso se explica pelo fato de sermos "imagem e semelhança" de Deus que é oferente, pois tudo nos entrega, tudo nos dá: "Eu vos dou todas as ervas [...] em alimento" (Gn 1,29); "À tua posteridade eu darei esta terra" (Gn 12,7a). Na narrativa de Caim e Abel a Bíblia situa, nos inícios da humanidade, o ato de oferecer, numa forma de culto a Deus, uma parte dos frutos do próprio trabalho, dos dons da terra e da vida (cf. Gn 4,3-4a). Em suma, as dádivas que recebemos de Deus geram em nós uma resposta gratuita que nos impele à doação. Recebemos de Deus, gratuitamente, todos os dons e lhe apresentamos esses mesmos dons, transformados pelo nosso trabalho. Esse diálogo oblativo entre Deus e nós põe em relevo a gratuidade: o dom (a coisa doada) e o ato de dar, doar, são sempre gratuitos, graça, oferta.[7] A origem divina da nossa dimensão oblativa se reflete na frase: "Deus ama a quem dá com alegria", citada por Paulo em 2Cor 9,7, como motivação para que os cristãos da Ásia ajudassem, com ofertas espontâneas, aos irmãos carentes da Palestina. Quer dizer que dar gratuitamente nos torna mais parecidos com Deus. Igualmente, a frase "há mais alegria em dar do que em receber" (At 20,35) ressalta essa alegria que nos reporta ao próprio Deus, fonte de tudo o que nos alegra. Até a célebre frase atribuída a são Francisco de Assis – "é dando que se recebe" – precisa ser entendida na ótica desse diálogo oblativo: ao contrário de afirmar "segundas intenções" no ato de dar – a atitude interesseira de quem dá agora para receber depois –, essa frase quer afirmar que só quando somos gratuitos com os outros é que eles o serão também para conosco. O gesto de dar provoca o mesmo gesto em quem recebe, de modo que também este se torna capaz de dar. Não necessariamente "dar de volta" (devolver) ou retribuir a quem lhe deu, mas viver a alegria de saber e poder dar.

A oferenda vista como sacrifício

Apresentar a Deus uma oferenda, sejam primícias dos frutos da terra ou dos rebanhos, como Caim e Abel fizeram, sejam objetos pessoais ou outras oferendas,[8] é torná-la uma coisa *con-sagrada*. A oferenda assim tornada sagrada é destinada a

---

[7] Ambos os termos vêm do latim *donare* = doar, dar, donativo, doação, dádiva, dom.

[8] Em seu livro *A religião de Israel*, H. Renckens faz uma lista de tudo o que se podia oferecer como sacrifício a Deus em Israel. Cf. RENCKENS, H. *A religião de Israel*. Petrópolis, Vozes, 1969. pp. 131-137.

Deus e passa a ser exclusividade dele. Ela exprime que nós não queremos reter tudo para nós, tanto o que reconhecemos nos ter sido dado por Deus, como o que consideramos ser fruto do trabalho de nossas mãos. Em ambos os casos, somos donos dessas coisas. É nosso direito tomar posse e usufruir delas. Mas nossa natureza oferente, oblativa, nos leva a gostar de dar, de oferecer, de entregar, como fez primeiro Deus a nós. Por isso, a ação de graças a Deus se dá principalmente por meio da oferenda.

Outro termo usado freqüentemente com o de consagrar, sendo em muitos casos seu sinônimo, é *sacrificar* (do latim, *sacros* = sagrado + *facere* = fazer, produzir, tornar).[9] O sacrifício, portanto, é antes de tudo a oferta gratuita, espontânea e agradecida a Deus. Revela, assim, o diálogo e a troca de dons entre o Criador e a criatura, entre o Céu e a terra. O diálogo oferente, oblativo, entre nós e Deus por meio do ato sacrifical, isto é, mediante o sacrifício entendido como gesto de consagração a Deus, como agradável oferenda, espontânea entrega, alegre oblação, como presente, dom, troca de dons, diálogo de oferentes. Infelizmente, esse conceito positivo se perdeu, hoje em dia, e ficou carregado de sentido negativo, pois geralmente entendemos "sacrifício" como pena, renúncia, sofrimento, perda, separação, imolação e morte. Ouvimos dizer freqüentemente, por exemplo: "Foi com muito sacrifício (isto é, com muito trabalho e suor, a duras penas e com muita renúncia) que conseguimos construir a nossa casinha". Um atleta que venceu uma difícil competição costuma dizer que foi muito sacrificado, mas o prêmio compensou. Quando sai uma medida

---

[9] Em português temos alguns vocábulos formados da mesma maneira com o verbo *facere*: *frigorífico* = onde se produz ou se mantêm carnes resfriadas; *panificadora/ panifício* = onde se faz pão; *pastifício* = onde se produz massas (pastas); *carnificina* = produzir grande mortandade; *ofício* = profissão, trabalho; *oficina* = lugar de fazer, produzir, trabalhar.

governamental mexendo na economia, quase sempre se houve o comentário: "Vai sacrificar mais o trabalhador".

Estamos, pois, acostumados a relacionar o sacrifício com a vítima, e a vítima com a violência ou, pelo menos, com o aspecto de crueldade. Ora, o sacrifício em si, como oferta, oferecimento, entrega, não é um ato violento, cruel, mas oblativo, mesmo que inclua a imolação da matéria oferecida (a "vítima" a ser ofertada). É verdade que, quando oferecemos algo que é nosso, de certa forma estamos "perdendo" aquilo, ou, dito de outra forma, aquilo está "morrendo" para nós, ou ainda: estamos "fazendo morrer" aquilo em nós. Mas, se esta oferenda é feita com alegria, com amor, com vontade de dar e de dar-se nela, o sentido da "perda" é invertido em ganho, por força da dimensão dialogal da oblação: o efeito de alegria, de amor, de "receber" em troca, enfim, de "comunhão" faz com que o ato de oferecer, de dar, seja sinônimo de mais vida e não de morte. Há nisso qualquer coisa de "páscoa", de morte transformada em vida.

Oferecer-se a si mesmo: eis o mais sublime sacrifício

A oblatividade da vida não se expressa tão-somente em dar coisas, objetos, bens materiais, enfim, algo exterior a nós. Ela se manifesta também, e principalmente, quando nos damos, nos oferecemos, nos entregamos aos outros. Quando o que doamos é nosso próprio ser, nossa própria vida, aí então essa oferenda adquire maior sentido divino, nos assemelhando ainda mais com Deus, porque ele não dá simplesmente "coisas", mas sim sempre *se dá*, entrega-se a si mesmo naquilo que dá. Em cada "presente" de Deus para nós, em tudo que reconhecemos como dom divino, o próprio Deus está presente! Dar um presente é fazer-se presente por meio do objeto oferecido. É como um namorado apaixonado, que estava distante da namorada e mandou uma caixa dos bombons prediletos dela, com este bilhete: "Não se assuste quando desembrulhar os bombons e vir que todos estão mordidos. Fui eu que tirei um pedacinho, igual a gente faz quando está junto (você sempre me dá primeiro um pedacinho, né?). Assim, ao comê-los, você sentirá que estou aí, juntinho do seu coração...".

Deus é constante oferta de si, o eterno oferente. Ele é o "Deus apaixonado" que nos manda diariamente uma "caixinha de bombons", dos nossos prediletos. E, misteriosamente, vem junto com eles, pois reconhecemos nesses "dons-bombons" a presença amorosa "dele", bem juntinho de nós. Quando vemos somente o "pedaço que falta" nos bombons, não conseguiremos perceber nessa "mordida" o gesto mais profundo de comunhão, de dádiva, de alegria e felicidade desejadas e compartilhadas na pura gratuidade do amor. Aquele pedacinho que falta, que é a parte do namorado, objetivamente foi tirado (e consumido) por ele. Mas, para a namorada, isto não é sinal de "perda", de sacrifício, no sentido negativo, embora falte um pedaço nos bombons. Para ela, é sinal da presença dele, do seu amor, da sua consideração por ela. Para ambos, é símbolo de comunhão.

Será que não podemos ler todos os textos bíblicos que falam do sacrifício nessa ótica oblativa? Será que não podemos ler a morte de Jesus na cruz, não como sacrifício no sentido negativo, mas como oferta livre de si mesmo, por amor a nós, na pura oblatividade da vida? Mas ainda hoje muitos a vêem como ato cruento, sanguinário, injusto da parte do Pai. Até dizem: "Que pai é esse que mata o próprio filho?". Olhar assim para a cruz é vê-la como algo imposto a Jesus e não como conseqüência de seu projeto de vida, resgatando a nossa relação com Deus Pai, como filhos e nossa relação com os outros, como irmãos e irmãs, nossa relação conosco mesmos, como templos do Espírito Santo e com os bens deste mundo, estabelecendo uma relação de partilha, serviço e não de posse. Este projeto se opõe à lógica deste mundo. "Mas a todos os que o receberam deu o poder de se tornarem filhos de Deus" (Jo 1,12ss). O projeto de Jesus tem um sentido amplo e profundo que ultrapassa a dimensão do sacrifício e assume a dimensão da oblatividade. Muitos vêem Jesus na cruz somente como vítima da maldade, do pecado, da insensatez humana, e não como "oferta", dom de si, "... para que todos tenham vida, e tenham vida em abundância" (Jo 10,10). Se não é por esta perspectiva da doação, muitos vêem o Pai como um algoz que só se satisfaz com o sangue das vítimas e não como o oferente que ama e se dá, no Filho.

É nessa ótica positiva do sacrifício que a Carta aos Hebreus nos apresenta a morte de Cristo, elevando-a a outra categoria, que nenhum sacrifício humano poderia alcançar. É essa "teologia oblativa" que queremos perceber presente na Bíblia, do início ao fim. Nessa ótica, este livro quer oferecer algumas pistas para resgatarmos o sentido oblativo da vida, que Jesus Cristo assumiu de forma plena, oferecendo-se por nós.

"Sereis para mim uma propriedade particular..." (Ex 19,5)

O povo israelita sente-se escolhido por Deus e protegido por ele, sobretudo, nos momentos mais difíceis, como na escravidão do Egito, no exílio, nas perseguições. Sente-se carregado por Deus como sobre "asas de águia" (Ex 19,5). Dentre o povo, Deus escolhe os que ele quer como sacerdotes, servidores do seu povo por meio do culto.

O culto em Israel nasce da escolha divina[10]

O texto de Dt 7 estabelece o motivo do culto de Israel: uma vez que os povos da terra criavam seus próprios deuses e

---

[10] Ibid., pp. 148-149.

lhes prestavam seus cultos, identificando-os com suas imagens-ídolos, o Deus UM escolheu para si, dentre esses povos, o povo de Israel para que lhe preste culto. Por isso, Deus não tolerará concorrência: todo mínimo sinal de idolatria deverá ser tratado com dureza! Para não cair na sedução dos ídolos dos povos das terras "que o Senhor Deus lhe dará", Israel deverá eliminar todo vestígio dos cultos aí praticados. Esse capítulo desenvolve, pois, o conceito da eleição ou escolha divina de Israel: é uma iniciativa de Deus e sem mérito algum da parte de Israel. O que Deus espera é a correspondência desse povo, obedecendo a seus mandamentos, sendo fiel à sua Aliança. Em Ex 19,5 temos o texto clássico que especifica essa eleição: Israel é propriedade particular, mais preciosa de Deus, embora os outros povos também sejam propriedade de Deus. Em Dt 7, versículos 6-9, como também em 14,2, essa particularidade é expressa pelo conceito de *segullah* = propriedade particular, pecúlio pessoal, peças mais preciosas do acervo pessoal, daí o nosso termo peculiaridade: algo próprio, característica própria, particular. A *segullah* tem valor afetivo, pessoal, que vai além do simples valor comercial. Pensemos numa pessoa rica que contribui normalmente com razoáveis quantias do dinheiro de sua empresa para alguma campanha, mas que, para determinada causa que lhe é particularmente mais importante, ela é capaz de dar um valioso quadro do seu acervo pessoal, herança de seus avós. Esse acervo pessoal tem mais valor para ela do que as outras coisas, embora tudo seja propriedade dela, inclusive o dinheiro que doa (cf. Ecl 2,8 e 1Cr 29,1-9, em que, por uma boa causa, se doa até do que é pessoal). Assim, Israel tem um valor afetivo particular para Deus, como seu acervo pessoal.

Mas essa predileção não foi porque Israel era melhor, nem mais numeroso, nem mais rico ou mais sábio, nem mais justo que os outros povos. O povo precisava sair "da casa da servidão" que gera a morte, para "servir ao Deus" que gera vida. A libertação da escravidão do Egito é o dom maior de Deus a Israel. É o ato fundante não só do povo como também do seu culto a Deus. É porque o tirou de lá, "da casa da servidão", resgatando-o, libertando-o, "com braço forte e mão estendida", que Deus adquiriu o direito de "propriedade" sobre Israel (cf. Sl 114,1-2). Daí, o "serviço de Deus" ou "ofício divino" é o culto que o povo libertado (de todas as escravidões!) presta ao Deus Libertador, celebrando suas façanhas em favor do povo e oferecendo-lhe (consagrando-lhe, sacrificando-lhe,) seus dons, sua vida, seu destino (cf. Dt 6,10-13). As Escrituras cristãs também lançam mão desse "riquíssimo conceito: resgatando-nos e purificando-nos, Cristo fez de nós o seu povo-propriedade (Ef 1,14; Tt 2,14; 1Pd 2,9)".[11]

Em Israel, o desenvolvimento do culto se deu de uma forma muito particular, diferente dos outros povos (como os egípcios, cananeus, assírios, babilônicos), embora assumindo e assimilando muitas realidades do culto e de sua estruturação existentes nesses mesmos povos. É certo que Israel não recebeu "por revelação" a forma como deveria cultuar a Deus, com todas as regras e normas de seus ritos, tais como os lemos hoje nos abundantíssimos textos que tratam da questão cultual.[12] A organização do sacerdócio em Israel seguiu o modelo das nações vizinhas, inspirando-se, sobretudo, na organização egípcia, que tinha uma hierarquia sacerdotal diretamente vinculada ao palácio real. Houve um processo de assimilação do que já era comum entre os povos, de elaboração e reelaboração de experiências e significados, dando-lhes a marca peculiar de Israel.[13] A ordem divina de

---

[11]   Ibid., p. 149.

[12]   Isso vale principalmente para a extensa legislação cultual presente na Bíblia (exemplo: Levítico).

[13]   RENCKENS, H., op. cit., p. 149. Este autor admite a influência, no culto de Israel, de algumas "expressões de culto generalizadas no Oriente, das quais se forma aos

exterminar todo resquício de culto cananeu (Dt 7) não pode ser entendida como "intolerância religiosa", mas como a rejeição somente daquilo que nesses cultos era contrário à fé javista: o culto aos ídolos – e com eles a concepção politeísta, incompatível com a fé no Deus UM – e as práticas que violam a dignidade fundamental do ser humano, a prostituição ritual, a injustiça e opressão, incompatíveis com a fé no Deus vivo e libertador.

A oblação se expressa por meio do rito sacrifical

Podemos abordar a teologia sacerdotal na ótica oblativa, do oferecimento ou da entrega, buscando nos textos sacerdotais a maneira de falar de Deus, a partir da oferta de si mesmo, e de falar do povo de Deus, a partir de sua resposta a esse Deus oferente, de sua capacidade de também se ofertar e se entregar. Em ambos os casos, o objetivo é sempre agraciar o objeto do amor: Deus agracia seu povo com a libertação e este agracia a Deus com seu culto. Ora, o culto em Israel, antes da segunda destruição do Templo, no ano 70 E.C, centrava-se exatamente na oblação, no ato de oferecimento, que se expressa nos sacrifícios apresentados. A oblatividade do ser leva ao oferecimento, que é sacrifício; o sacrifício gera o rito e os ritos geram o culto. A oblatividade perpassa toda a história de Israel, como busca constante desse diálogo:

> Como retribuirei ao Senhor, todo o bem que me fez?
> Erguerei o cálice da salvação, invocando o nome do Senhor.
> Vou oferecer-te um sacrifício de louvor, invocando o teu nome, Senhor (Sl 116,12-13.17).

---

poucos uma tradição especificamente israelita", inclusive influências cananéias, ao menos nos inícios da organização do culto israelita.

A forma comum de se agradecer a Deus, na Bíblia, é, para além de simples palavras de agradecimento, oferta de algum tipo de sacrifício. A partir da reforma de Josias, o sacrifício se tornou central no culto israelita, com a sua centralização no Templo de Jerusalém. Neste salmo, faz-se referência à *libação*, provavelmente de vinho, que é a matéria líquida mais usual nos sacrifícios. Fala também de um "sacrifício de louvor", que se constitui tanto de uma oferta material quanto de palavras de louvor, de agradecimento e reconhecimento da grandeza (o "nome" significa a fama, a grandeza, a dignidade, a eminência) de Deus. Essas palavras muitas vezes eram cantadas e não apenas recitadas. Assim, o culto em Israel é, nas diversas formas de sacrifícios oferecidos a Deus, a resposta dialogal oblativa do povo escolhido e agraciado por Deus com tantos benefícios, ao seu Senhor cuja dádiva supera toda expectativa.

Podemos falar, então, de "oblação-sacrifical", entendendo por essa expressão o profundo sentido de entrega, de doação, de oferecimento que está no âmago de todo sacrifício.

Culto e sacerdócio

Todo israelita é convidado a cultuar (servir, adorar, invocar) ao Deus que amou com particular predileção e por isso o libertou da escravidão. Esse culto se dá tanto no âmbito familiar quanto no âmbito coletivo. No primeiro, normalmente é o pai ou mais raramente a mãe quem dirige a oração, oferece o sacrifício e invoca a bênção.[14] No segundo, é toda a comunidade de Israel que se constitui como assembléia cultual, como povo que serve a Deus. Por isso, o culto tem uma inegável dimensão comunitária, coletiva, social. O culto comunitário

---

[14] Em Ex 4,24-26 é Séfora quem realiza a circuncisão do filho e, ao que parece, também de Moisés. 2Mc 6,10 parece supor que as mães judias circuncidaram, elas mesmas, seus filhos.

necessariamente é feito no santuário, no Templo e, nesse caso, não é cada um deles que oficia o seu próprio culto, mas sim alguém dentre eles é que assume a tarefa de "oficiante". Mas não é qualquer um, escolhido a esmo na hora, e sim alguém instituído, designado e reconhecido pela comunidade para essa função. O culto comunitário gera, pois, a necessidade do seu oficiante. Essa será a tarefa, o "ofício" dos que se especializam nos sacrifícios, nos ritos e no culto de Israel: os sacerdotes.

Todas as religiões têm seus próprios, ou suas próprias oficiantes de culto: o pajé, o xamã, o feiticeiro ou feiticeira, o pai e a mãe-de-santo, o padre, o pastor ou a pastora. São esses ou essas oficiantes que presidem os ritos, as cerimônias e oferecem os sacrifícios, atendendo a essa necessidade de diálogo com o divino, em favor dos demais. Com o passar do tempo, as religiões vão contando também com as estruturas necessárias para exercerem melhor seu papel:

- o local apropriado para o culto: o santuário ou templo;

- os instrumentos necessários: os objetos sagrados, o altar;

- as vestimentas e adereços distintivos da função;

- os rituais próprios para cada situação: liturgias, cerimônias, festas;

- os dízimos e taxas religiosas de onde retiram seu sustento, já que vão deixar as outras funções para se dedicarem exclusivamente ao culto.

Tudo isso exige organização, ordenamento e hierarquização. Daí vão surgindo regras tanto para o culto quanto para se tornar um ou uma oficiante, com exigências, direitos e restrições. Mas, em se tratando de Israel, os sacerdotes não se restringiram a cuidar do culto. Além de criar toda a legislação específica para o culto, os sacerdotes elaboraram uma literatura que toca os mais diversos temas do cotidiano do povo e de sua história, abordando grandes questões da vida: a política, a economia, as relações familiares, conjugais, trabalhistas, como também questões fundamentais da existência. É o que veremos no próximo capítulo.

II
Os sacerdotes em Israel, ministros do culto oblativo

Para entrarmos na obra e depois na teologia sacerdotal, precisamos primeiro reconhecer o lugar ou campo semântico em torno do conceito "sacerdote" para o qual a Bíblia utiliza dois termos: *kohen* (plural: *kohanim*) e *komer* (plural: *kemarim*). A classe sacerdotal israelita também não era um bloco monolítico, mas se dividia em pelo menos três grandes grupos que remetem a diferentes origens: os levitas, os aaronitas e os sadoquitas.

Assim tentaremos, neste capítulo, pontuar questões relativas à evolução dessas classes sacerdotais e algumas características dos sacerdotes e do sacerdócio, para munir-nos de informações necessárias relativas à teologia sacerdotal.

Significado do nome "sacerdote" na Bíblia

Em todos os povos encontramos alguém que realiza a mediação dos ritos sagrados entre Deus e a comunidade. Conforme a denominação religiosa, recebe um nome. Na tradição bíblica é nomeado sacerdote.

A Bíblia utiliza dois termos para o conceito de "sacerdote", como vimos anteriormente: o primeiro e mais usual é *kohen* (plural: *kohanim*). Seu significado etimológico é incerto. Alguns pensam que vem da raiz *k`n*, que significa dobrar-se, prestar homenagem. Outros já pensam que vem da raiz *kwn*, que significa estar em pé. Essa última sugere que o sacerdote é aquele que está diante de Deus, numa atitude de servo, para executar a sua ordem (Dt 10,8).[1] A tradução grega da Bíblia hebraica, chamada também de LXX, traduz *kohen* por *hiereus*, termo derivado de *hieros*, que significa sagrado. O sacerdote é o homem que se ocupa do que é sagrado, de Deus. Essa concepção se conservou no latim, por meio da Vulgata, que é a Bíblia traduzida por são Jerônimo, no século IV E.C. Ele traduz o termo grego *hiereus* pelo seu correspondente latino *sacerdos*, aquele que se ocupa do sagrado. Daí, o nosso termo *sacerdote*, em português.

O segundo termo é *komer* (plural: *kemarim*). Sua etimologia é mais exata: vem da raiz *kmr*, que significa ficar exaltado, fazendo alusão ao estado de espírito que, provavelmente, revestia os sacerdotes no exercício da função sacerdotal. Esse termo é usado exclusivamente para os sacerdotes que serviam aos ídolos (2Rs 23,5; Os 10,5; Sf 1,4), ou seja, os sacerdotes pagãos, especialmente das religiões cananéias com seus cultos a Baal, que era o deus da fertilidade, da terra, cultuado pelos cananeus e, segundo Israel, os falsos deuses. Esses sacerdotes atuavam nos chamados "lugares altos" onde havia os santuários concorrentes com o de Jerusalém, como o santuário de Betel (2Rs 23,15; Am 7,10) e outros. A palavra *kohen,* quando usada, sempre tem conotação positiva, identificando os que Israel considerava legítimos sacerdotes. É curioso que o sacerdote Melquisedec, apesar de não ser israelita, é designado por *kohen*, pois é considerado "sacerdote do Deus Altíssimo" (Gn 14,18). Também são denominados por *kohanim* os sacerdotes egípcios (Gn 41,45; 47,22) e um sacerdote madianita (Ex 2,16; 18,1), mesmo desprovidos do título conferido a Melquisedec. Tal se

---

[1] CASTELOT, John J. Le istituzioni religiose di Israele. *Grande comentário bíblico*. Brescia, Queriniana, 1973. p. 1744, n. 4, e MONLOUBOU, L; DU BUIT, F. M. Verbete "Sacerdozi". *Dizionario Bíblico Storico/Critico*. Roma, Borla, 1987. p. 861.

deve à intenção dos autores de apresentar, de modo simpático, esses sacerdotes na sua relação com os patriarcas, como veremos mais adiante.

Os diferentes grupos sacerdotais na "história" do povo da Bíblia

A função sacerdotal, em Israel, foi exercida por grupos diferentes e concomitantes, em diversas épocas ao longo da sua história. Esta função era exercida por levitas, aaronitas e sadoquitas.

O grupo dos levitas

Não se sabe exatamente quando nem por que a função de sacerdote se tornou hereditária, reservada apenas aos membros da tribo de Levi, mas pode ter sido somente a partir da monarquia.[2] Tampouco é fácil entender como historicamente se deu essa concentração do sacerdócio nas mãos dos levitas. Uma explicação simples poderia estar no fato de que Moisés e Aarão, os dois incontestáveis líderes dos "anos dourados" da origem de Israel, foram relacionados entre os descendentes de Levi. A importância dos dois irmãos, em que um é o legislador e o outro o sacerdote por excelência, teria influenciado essas prerrogativas para os seus "familiares" ou descendentes.

Costumamos identificar, sem maiores problemas, os levitas com os descendentes de Levi, um dos doze filhos de Jacó, os quais teriam, por força de sua genealogia, o direito ao exercício do sacerdócio em Israel. Alguns textos dão a impressão de que toda a tribo de Levi fosse sacerdotal (Ex 32,29). Mas isto é uma simplificação de um problema complexo na Bíblia. O

---

[2] MONLOUBOU, L.; DU BUIT, F. M., op. cit., p. 862.

termo "levita" pode significar mais uma profissão do que uma pertença à tribo de Levi.[3] "O nome Levi (*Lewî*) é, certamente, uma abreviação de *Lewiel*, que pode significar: quem se associa a Deus ou quem adere a Deus. A isso alude Lia, mãe de Levi: 'Agora se unirá ainda mais a mim o marido [...]. Por isso, chamou a este (menino) Levi' (Gn 29,34)."[4]

O fato é que, em alguma época e por alguma razão, os levitas profissionais foram associados aos levitas descendentes de Levi. Não se sabe ao certo a partir do que nem de quando os levitas passaram a exercer o sacerdócio em Israel. Há várias tradições, mas três delas parecem ser mais evidentes: *a primeira* se relaciona com a postura dos descendentes de Levi, que apóiam Moisés no extermínio de todos os que tinham pecado com a adoração do bezerro de ouro (Ex 32,26-29). Eles realizaram com fidelidade a ordem de Moisés, defendendo o "direito" do Senhor. Por isso, receberam o sacerdócio como recompensa. Episódio semelhante aconteceu com Finéias, neto de Aarão: ao matar um israelita idólatra, por zelo, ele recebeu de Deus a promessa de um sacerdócio perpétuo (Nm 25,6-13).

A *segunda* tradição liga a origem do sacerdócio levita à escolha de Deus por eles, no lugar de todos os primogênitos dos israelitas. O autor faz alusão ao resgate dos primogênitos de Israel, em detrimento da morte dos primogênitos dos egípcios. Deus, ao preservar os primogênitos hebreus, adquiriu um direito de posse sobre eles, consagrando-os ao Senhor. Os levitas, porém, foram escolhidos no lugar dos primogênitos hebreus e consagrados para o serviço de Deus (Nm 3,11-13.40-51; 8,16-19).

A *terceira* tradição afirma que a tribo de Levi, na ocupação da terra de Canaã, não ficou com um território para eles,

---

[3] RENCKENS, op. cit., p. 123.

[4] Ibid., p. 126.

como as demais tribos, mas residiriam em algumas cidades a eles destinadas, nos territórios das outras tribos (Js 21; 1Cr 6,39-66). Por não terem propriedades, os levitas deveriam ser sustentados pelas tribos, mediante as ofertas e dízimos. Esse dever de solidariedade para com os levitas parece que ficou meio esquecido, razão pela qual a legislação insiste tanto nisso (Dt 12,18-19; 14,27.28-29). Tal situação fez dos levitas uma classe necessitada, freqüentemente associada aos órfãos, às viúvas e aos estrangeiros residentes, categoria de pessoas que dependiam de amparo social. O episódio de Micas e o levita de Belém (Jz 17) revela que os levitas andavam à procura de melhor situação de vida.

Se, por um lado, alguns textos sugerem que "levita" fosse uma função e que só os membros da tribo de Levi poderiam ser sacerdotes (Dt 18,1-7), por outro, várias pessoas que não eram da tribo de Levi eram investidas do sacerdócio (Jz 17,5; 1Sm 2,18; 3,1; 2Sm 8,17-18). Estas pessoas (com exceção de Samuel) serão, porém, relacionadas com Levi, mais tarde, mediante o recurso das genealogias (1Cr 5,27-41; 24,1ss; Jz 18,30).

Ao que tudo indica, ser levita e ser sacerdote não significou sempre a mesma coisa, como se pode intuir do episódio de Micas, que se considerou felizardo por ter um levita como sacerdote em lugar de seu filho (Jz 17,13). "O sistema genealógico bíblico reuniu todos os levitas na tribo de Levi, mas nem por isso todo levita era um levita profissional."[5] Isso pode ter levado à distinção entre os levitas sacerdotes e os levitas não-sacerdotes.

Essa diferenciação pode ter sido acentuada quando da reforma de Josias, em que os sacerdotes dos "lugares altos"

---

[5] Ibid., p. 127.

passaram a ser, quase sempre, designados como *kemarim* – falsos sacerdotes. Josias estabeleceu que nenhum sacerdote dos lugares altos (portanto, nenhum *komer/kemarim*) subisse ao altar do Senhor em Jerusalém (2Rs 23,8s).[6] Essa segregação dos sacerdotes de outros santuários e, ao mesmo tempo, a primazia do sacerdócio do santuário central podem explicar a posição secundária dos levitas que passaram a ser considerados ajudantes, e não mais sacerdotes como tal.

O grupo dos aaronitas

Os textos de Ex 28,1; Lv 8,1 e Nm 16-18 deixam claro que o sacerdócio é uma prerrogativa exclusiva de Aarão e de seus filhos, que eram da tribo de Levi, enquanto os outros levitas deveriam somente servir à Tenda como ajudantes dos sacerdotes. O episódio da "vara de Aarão" que floresceu (Nm 17,16-25) é uma justificativa dessa proeminência de Aarão, atribuindo a Deus a sua escolha para o sacerdócio. Também Ex 28,1 e Lv 8,1 reduzem o sacerdócio "a Aarão e seus filhos".

É possível que Moisés tenha destinado uma pessoa próxima a ele para a tarefa de cuidar do culto, da Arca e dos objetos sagrados, para o novo povo que Deus estava formando. As diversas tradições sobre a escolha de Aarão são uma tentativa de respaldar esse fato, ressaltando que é uma escolha divina. Note-se que, no episódio da "vara de Aarão", é contado bem depois que ele, efetivamente, já estava exercendo o papel de sacerdote. A pretensão de Coré (Nm 16,1-3) e outros levitas de exercer o sacerdócio, como Aarão, é que desencadeou a necessidade de "justificação" por parte de Deus.

Um longo caminho para, finalmente, se chegar à organização do sacerdócio tal como se encontra no pós-exílio:

---

[6]   Ibid., p. 128.

[...] aqueles que, pela linhagem de Aarão descendem de Levi, são os "verdadeiros" sacerdotes, a saber, "a serviço do Senhor", enquanto os restantes descendentes de Levi são levitas no sentido restrito da palavra e se encontram a serviço dos sacerdotes, do povo que oferece sacrifícios e do santuário. Os "filhos de Aarão" exercem, pois, o ministério propriamente sacerdotal: realizam todos os ritos de sangue, "aproximam-se" do altar e nele depositam as vítimas, penetram por detrás do véu, ensinam ao povo a doutrina da Lei e tomam todo tipo de decisões. A eles está igualmente reservada a bênção sobre o povo, como ordenara Deus a Moisés em Nm 6,23-27.[7]

Como os demais levitas, também os descendentes de Aarão não teriam propriedade em Israel, recebendo seu sustento tão-somente do santuário, tendo direito a uma parte dos dízimos, sacrifícios e ofertas (Nm 18,8-19; Lv 6–7). Mas, com a evolução do culto e o crescimento do povo, alguns sacerdotes deixaram-se corromper: tomaram para si também a parte que era de Deus e que devia ser queimada (1Sm 2,12-17), aumentaram os casos em que se deviam oferecer sacrifícios, criaram mais taxas e estenderam os dízimos a outros produtos (Os 4,4-10; Mq 3,11; Jr 7,11). A narrativa sobre os filhos de Eli revela que a corrupção e a ganância, quando atingem o coração de alguns sacerdotes, leva o próprio sacerdócio à ruína e, indiretamente, comprometem também o povo (1Sm 2,1-17. 27-36; 4).

O grupo dos sadoquitas

A partir do exílio, assumiram a hegemonia os sacerdotes da linhagem de Sadoc, em prejuízo dos aaronitas e levitas. O texto de Ez 44,15-16, que é do período do exílio na Babilônia, justifica essa hegemonia: eles se mantiveram fiéis ao culto ao

---

[7] Ibid., p. 129.

Senhor, enquanto os demais "se afastaram de mim", servindo aos ídolos (Ez 44,10). Porém, sua ascensão à liderança se deu aos poucos, provavelmente desde o tempo de Davi (1010 a 970 a.E.C., aproximadamente). Esse grupo é formado pelos que se declaram descendentes de Sadoc, sacerdote instituído por Davi ao lado de Abiatar, sacerdote de linhagem levítica, do grupo aaronita. Quem é Sadoc? Como entrou na história?

Os textos que tratam dessa questão contêm informações confusas, sobretudo quanto à origem de Sadoc. O texto hebraico de 2Sm 8,17 cita como sacerdotes do reino: "Sadoc, filho de Aquitob, e Abimelec, filho de Abiatar".[8] Ora, esse versículo encontra-se em equívoco com a informação de 1Sm 22,20: Aquimelec (não Abimelec) era filho de Aquitob e pai de Abiatar, único filho que restou do massacre promovido por Saul contra os sacerdotes que apoiaram Davi. Sadoc não é citado. Como se explica que Sadoc seja citado, então, em 2Sm 8,17, como "filho de Aquitob? Provavelmente foi para dar-lhe uma ascendência levítica, que lhe faltava. Já o livro das Crônicas tenta dar a Sadoc uma genealogia levítica por meio de Finéias (1Cr 6,35), a quem tinha sido prometido um sacerdócio perpétuo (Nm 25,6-13). Enfim, os textos que dão a Sadoc uma ascendência levítica não nos oferecem segurança sobre sua descendência; portanto, é "um homem novo",[9] que entrou na história por outros caminhos.

Do ponto de vista histórico, então, o surgimento e a ascensão de Sadoc teriam sido assim: no tempo de Davi, antes da conquista de Jerusalém, que era uma cidade dos jebuseus, Abiatar era o sacerdote que acompanhava o rei (1Sm 22,20-23). Depois que Davi conquistou Jerusalém, tornando-a sua capital,

---

[8] BÍBLIA DE JERUSALÉM. São Paulo, Paulus, 1985. Nesta Bíblia se faz a correção desse versículo, para harmonizá-lo com 1Sm 22,20 (cf. a nota nessa Bíblia, em 2Sm 8,17).

[9] Ibid.

trouxe para aí a Arca da Aliança (2Sm 6), planejando construir para ela um Templo que se tornaria o "santuário nacional" (2Sm 7). Davi morreria antes de executar seu projeto religioso, mas já deixaria organizado o serviço sacerdotal junto à Tenda da Arca, sob os cuidados de Sadoc e Abiatar. Provavelmente Sadoc era um sacerdote influente no tempo em que Jerusalém ainda era cidade jebuséia. De fato, o nome de Sadoc (em hebraico *Sedek*) tem semelhança com outros sacerdotes jerosolimitanos da época jebuséia: Melqui-*sedek* (Gn 14,18) e Adoni-*sedek* (Js 10,1).[10] Davi o teria aproveitado, então, para as funções sacerdotais na nova capital. Mas quando Davi estava para morrer, começou a disputa pela sua sucessão: depois da morte de Absalão, que pretendia ser o rei (2Sm 15,10; 18,15), Adonias, o segundo filho mais velho, se sentiu o legítimo herdeiro do trono e se proclamou rei com o apoio do chefe do exército, Joab, e do sacerdote Abiatar. Mas Sadoc apoiou Salomão, com o aval do profeta Natã (1Rs 1,5.7.8). Depois que assumiu o trono, Salomão considerou Abiatar um traidor, "digno de morte", mas preferiu isolá-lo em Anatot, cidade de residência de sacerdotes levíticos,[11] passando o cargo de sacerdote em Jerusalém para Sadoc (2Sm 8,17; 1Cr 18,14-17).

Na Obra Deuteronomista, esse afastamento de Abiatar é considerado uma realização da Palavra de Deus, proferida contra o sacerdote Eli. Em Ezequiel, percebe-se claramente a intenção de estabelecer uma diferença de classe entre os sacerdotes, passando a um segundo plano os levitas e os aaronitas:

> Quanto aos levitas que se afastaram de mim quando Israel se desviou de mim para seguir os ídolos, eles levarão sua culpa:

---

[10] CASTELLOT, op. cit., p. 1748, n. 20a.

[11] O profeta Jeremias era desta cidade, o que faz alguns pensarem que ele fosse também sacerdote, mas do grupo dos "excluídos" do serviço do Templo.

ficarão no meu santuário servindo como vigias das portas do templo, e como servidores do templo. Eles imolarão a vítima do holocausto e do sacrifício para o povo e estarão diante dele para servi-lo. Por terem servido o povo diante dos ídolos, tornando-se uma ocasião de culpa para a casa de Israel, por isso jurei de mão levantada contra eles – oráculo do Senhor Deus – que eles levariam a sua culpa. Eles não poderão se aproximar de mim para me servir como sacerdotes, nem das coisas santas ou santíssimas. Pagarão pela sua desonra e pelas abominações que cometeram. Eu os ponho como responsáveis pelo serviço do templo, no que se refere a todas as suas funções e a tudo o que nele se faz (Ez 44,10-14).

A necessidade de provar que os descendentes de Sadoc são os legítimos herdeiros do verdadeiro sacerdócio, pode ser explicada se admitirmos que a redação final da "história da monarquia" foi levada a cabo justamente pelo grupo sadoquita, colocando Sadoc em destaque, arranjando-lhe uma descendência levítica e diminuindo a importância de Abiatar.

O sacerdócio israelita na visão dos escritos bíblicos de cada período

Nesta seção, trataremos da questão dos textos bíblicos que falam sobre os sacerdotes em Israel. Muitos deles são da própria Tradição Sacerdotal e da Obra Sacerdotal, mas há referências também nas outras tradições – Javista (J), Eloísta (E) e Deuteronomista (D). Antes de tudo, a fonte de dados que temos para o Israel antigo é a própria Bíblia. Por isso, devemos considerar os textos bíblicos sobre os sacerdotes não como fontes exclusivamente históricas, mas como a visão que os autores bíblicos do exílio e do pós-exílio tinham do sacerdote e do sacerdócio.

Mesmo assim, podemos dar como historicamente certo que a presença e a atuação de sacerdotes no povo de Israel, como classe social com atribuições bem definidas, só se tornaram relevantes a partir da monarquia davídica, quando Israel se constituiu como Estado (1030 a 970 a.E.C., aproximadamente). Antes disso, é improvável que houvesse um sacerdócio organizado em Israel, embora a tradição da existência de levitas – como veremos adiante – remonte aos períodos mais antigos das tribos.

Assim, seguimos a cronologia das grandes etapas da história do povo de Israel, e não a ordem em que eles foram escritos.

Textos sobre o período pré-tribal

Consideramos como pré-tribal todo o período anterior à Confederação das Tribos (antes de 1200 a.E.C., aproximadamente). Do ponto de vista dos personagens bíblicos, vai de Abraão a Moisés e termina com a conquista da terra (Josué 1–5). Esse período é chamado normalmente de "patriarcal", porque nele são situados os grandes patriarcas e matriarcas do povo. Nos textos que tratam desse período, somente são apresentados como sacerdotes (*kohanim*) alguns estrangeiros, não-israelitas: o rei-sacerdote Melquisedec, de Salém (Gn 14,18), os sacerdotes egípcios (Gn 41,45; 47,22) e um sacerdote madianita (Ex 2,16; 18,1). Os autores sacerdotais, vivendo no exílio ou no pós-exílio, falam do período patriarcal como uma época em que não havia sacerdotes do próprio povo e os patriarcas se relacionavam diretamente com Deus. Assim, nessas narrativas, nunca vemos um patriarca recorrendo a um sacerdote para realizar algum ato de culto; eles mesmos o faziam, o que normalmente caberia ao ministro oficial do culto: construíam altares (Gn 12,7; 13,18; 22,9), ofereciam sacrifícios (Gn 22,13; 26,25; 28,18) e abençoavam os filhos e o povo (Gn 27,4.7.27; 48,15.20; 49,28).

Estas narrativas engrandecem os inícios de Israel como povo, exaltam a total confiança dos Pais e Mães do Povo na ação de Deus, que os escolheu, libertou-os e constituiu-os como seu povo particular, realizando, progressivamente, a promessa em seu favor. Por isso, é compreensível que esses textos apresentem assim os patriarcas: exercendo funções cultuais. Nesse caso, nem é mesmo possível ter sacerdotes, pois ainda não se formou o povo como tal, mas para os autores "existem" só as "famílias" que se reportam aos clãs de Abraão, Isaac e Jacó. No entanto, os autores já apresentam os sacerdotes de forma positiva, mesmo sendo estrangeiros, pois eles vivem uma relação amigável com os patriarcas. O exemplo mais simbólico disso é Melquisedec, identificado com o "sacerdote do Deus Altíssimo", que abençoa Abrão e sua posteridade e ao qual o patriarca entrega o dízimo (Gn 14,18-20).

Há uma razão de cunho histórico que é menos perceptível numa primeira leitura desses textos, para só se falar de sacerdotes estrangeiros nesse período: no pós-exílio (538 a 333 a.E.C.), quando esses textos receberam a sua redação final, o grupo sacerdotal sadoquita assumiu a liderança do povo, suplantando os aaronitas e os levitas. É possível que esse grupo tenha preparado o caminho para amenizar o fato de Sadoc ser estrangeiro, apresentando de forma simpática alguns sacerdotes não-israelitas, no período patriarcal Não podemos afirmar que toda a Obra literária Sacerdotal (P) seja de responsabilidade desse grupo sadoquita, mas podemos perceber uma clara intenção de apresentar, positivamente, um determinado grupo de sacerdotes.

Textos sobre o período tribal

No período tribal, aproximadamente entre 1200 e 1030 a.E.C., já encontramos textos que narram a presença de sacerdotes israelitas e de santuários no meio do povo, mas ainda como algo disperso. Temos duas narrativas importantes sobre os sacerdotes nesse período: Jz 17,5-12 trata da instituição de um sacerdote familiar e Jz 18 discorre sobre a fundação do santuário de Dan e a instituição de um sacerdote tribal. Percebemos que o sacerdote era escolhido e instituído por quem precisava imediatamente dele: o chefe de família, para um culto mais familiar num santuário particular, ou a tribo, para um culto mais tribal, num santuário regional. No primeiro texto, vemos que Micas, um habitante de Efraim, das tribos do norte, nomeia seu próprio filho para a função de sacerdote da família, mas logo em seguida o substitui por um levita que por ali passou, pois este já era reconhecido como legítimo ministro do culto do Senhor. No segundo texto, vemos que os danitas tomam esse levita de Micas e o instalam, com seus objetos sagrados, no futuro santuário tribal de Dan, mais ao norte. Também em 1Sm 7,1 encontramos um caso semelhante, no qual é o povo do lugar que nomeia um sacerdote local. Em 1Sm 1,3.9 e 2,13-15.27-36, há referências a uma classe sacerdotal, que já tinha definidos seus deveres e direitos.

Podemos dizer, destes textos, o mesmo que já dissemos dos textos da época patriarcal: não são uma mera descrição de fatos históricos, mas representam a visão teológica de seus autores, sobretudo, no respectivo momento histórico em que vivia o povo de Israel: o exílio. Assim, as narrativas dos santuários de Micas e da tribo de Dan, postos em relação direta um com o outro, provavelmente têm o papel de depreciar o culto realizado nos santuários fora de Jerusalém, bem como de tirar a legitimidade da religião das tribos do norte, chamadas efraimitas. O exclusivismo do culto javista e sua centralização em Jerusalém eram defendidos pelos autores deuteronomistas. Ao que parece, os autores sacerdotais no pós-exílio assumiram essas teses, acrescentando ao Código da Aliança (Êxodo 20,22-23), de caráter essencialmente ético, o Código Sacerdotal (Levítico), de caráter essencialmente cúltico.

Podemos concluir que, no período tribal, já começa a delinear-se uma organização dos serviços sacerdotais, mesmo que restritos a alguma tribo, e cujo desenvolvimento resultará no surgimento da classe sacerdotal na monarquia.

Textos sobre o período monárquico

Só a partir da monarquia, por volta do ano 1030 a 587 a.E.C., podemos falar da existência de uma classe sacerdotal em Israel. Ao longo da história da monarquia, o exercício do sacerdócio foi se desenvolvendo e adquirindo características peculiares. Não há dúvidas de que, na época davídica (1010 a 970 a.E.C.), o sacerdócio se estruturou de uma forma mais clara, inclusive como uma necessidade do próprio reino, pois foi sob Davi que Israel tornou-se um verdadeiro Estado com seu chefe maior, o rei.

Mas o modelo básico do serviço sacerdotal, oficializado na corte davídica, era o das cortes vizinhas, sobretudo do Egito, que figurava na época como nação bem-sucedida em termos administrativos. Nestas, os sacerdotes eram funcionários do Estado, submetidos diretamente à autoridade do rei, em cujo favor exerciam suas atribuições, especialmente a de oferecer sacrifícios aos deuses em nome do rei, invocando a bênção divina para seus empreendimentos. Isso é mais evidente nos casos de guerra, quando competia aos sacerdotes garantir a bênção divina para a vitória do rei. Com o advento da monarquia em Israel, o sacerdócio passou a ser um cargo do funcionalismo público, com funções bem definidas, sob o controle do rei.

Assim, antes da monarquia, o sacerdócio em Israel era mais exercido "em favor do povo", partindo da necessidade de todo o povo, para prestar culto ao Deus UM, o Deus dos Patriarcas e Matriarcas, o Deus Libertador dos oprimidos. Vimos que o culto em Israel era essencialmente comunitário e isso exigia que alguém oficiasse as cerimônias em nome de todos. A partir do momento em que Israel escolheu o regime monárquico, o sacerdócio passou, pouco a pouco, a ser exercido primariamente a serviço do rei. A classe sacerdotal israelita foi se aproximando mais do modelo "oficial" de sacerdote da corte egípcia e se atrelando, cada vez mais, aos interesses da classe dominante, tornando-se uma classe privilegiada e elitizada. Por isso, os profetas (como Oséias, Amós, Jeremias) criticaram duramente a classe sacerdotal de Israel, revelando que ela perdeu sua dignidade e vendeu-se a serviço do poder e em detrimento do povo, tornando-se cúmplice de um sistema que oprimia o povo.[12]

Os textos neste período, segundo a "teoria das fontes", são da Obra Deuteronomista (D). Portanto, tratam desse período da história de Israel com o olhar desaprovador de seus autores, que buscavam explicar o desastre nacional que resultou no exílio. Os textos de 1Rs 2,27 e 12,31 revelam que quem agora necessita de sacerdotes é o rei, por isso, é ele quem os escolhe, institui e destitui, quando for o caso. Mas o rei não se limita a estabelecer sacerdotes para o santuário nacional em Jerusalém, que seria inicialmente não o único local de culto, mas o local oficial, onde o culto é exercido, sobretudo, em favor do próprio rei, enquanto condutor dos destinos da nação.

O texto de 2Sm 8,17 apresenta Davi instituindo sacerdotes em Jerusalém: Abiatar e Sadoc. Sadoc deveria ser um sacerdote influente na cidade jebuséia e pode ter se posicionado a favor do novo monarca, de sorte que, uma vez conquistada Jerusalém, Davi teria reconhecido essa influência instituindo-o, também, como seu sacerdote, ao lado de Abiatar, este, sim, de origem levítica.

---

[12] Exemplos: 1Sm 3; Am 7,10-17; Os 4,4; 6,9; Mq 3,11; Jr 20; Is 28,7-13 etc.

O texto de 1Rs 2,26-35 apresenta também Salomão usufruindo dessa prerrogativa: ele destitui e exila Abiatar, enquanto nomeia Sadoc como único responsável pelo culto, no santuário real de Jerusalém. Mas em 1Rs 8 lemos que era o rei quem assumia funções sacerdotais, apesar de ter sacerdotes na corte: abençoa o povo (vv. 14 e 55); ora diante do altar pelo povo, como intercessor (vv. 22-53); oferece sacrifícios (vv. 62-64); consagra o interior do pátio do Templo (v. 64). É ao rei que Deus fala diretamente, sem a intermediação dos sacerdotes ou dos profetas (cf. 9,2.3ss). Apesar de os sacerdotes serem auxiliares do rei, é este quem aparece diante do povo, como o sacerdote por excelência.

Após Salomão, no período dos reinos de Israel e Judá, a situação é apresentada como irreparavelmente perdida: em Israel, Jeroboão também assume o papel de sacerdote, erigindo santuários e oferecendo sacrifícios. O que, segundo os autores deuteronomistas, pôs a perder a religião no reino de Jeroboão foi ele ter estabelecido o touro[13] como símbolo da presença de Deus, em substituição ao símbolo da Arca da Aliança, que estava em Jerusalém, abrindo assim as portas para o pior de todos os pecados de Israel: a idolatria (cf. 1Rs 12,26-33). Assim, quem ganha certa aprovação dos autores deuteronomistas, nessa ótica, são os sacerdotes do sul, ligados ao Templo de Jerusalém, enquanto os do norte são totalmente desqualificados, perdendo sua legitimidade.

De fato, no Livro de Amós, percebe-se que o sacerdote Amasias, que atuava em Betel (que se localiza próximo a Jerusalém), num dos santuários oficiais do reino, toma a defesa da política do rei Jeroboão II, ao expulsar de lá o profeta Amós (cf.

---

[13] O autor deuteronomista, ironizando a atitude de Jeroboão, reduziu a importância do touro, presente nas religiões cananéias como representação de Baal, reduzindo-o a um bezerro.

Am 7,10-17). Isso reforça a tese de que os sacerdotes do norte se desviaram. Conhecemos, porém, um sacerdote do norte que se conservou inteiramente "javista", sem ser, contudo, "sulista": é Oséias, que exerceu também a missão de profeta em Israel, mais ou menos na mesma época de Amós (783-743 a.E.C.). Seu livro, também de alto valor histórico, faz uma análise minuciosa da situação política do reino de Israel, mas a partir da ótica religiosa. Ele confirma que os sacerdotes de Israel ao norte, de fato, se deixaram corromper pelos ídolos e a religião se tornou infiel ao seu próprio objetivo. Oséias chama isso de "prostituição" (cf. Os 5,1-7). A conseqüência disso, em ambos os profetas, será a deportação e o fim do próprio reino (cf. Am 7,17; Os 9,1-6.17).

Os sacerdotes do pós-exílio, responsáveis pela redação final dos textos bíblicos que refazem a "história de Israel", certamente encontraram, nesses escritos proféticos, a fundamentação para o que eles gostariam de provar: quem são os legítimos sacerdotes no povo de Israel? Os que, desde Davi, passando por Salomão e os demais reis de Judá, exerceram seu ministério junto ao Templo de Jerusalém, sem se desviarem para o lado dos cultos idolátricos. Ora, com o afastamento de Abiatar por Salomão, sobrou Sadoc. Daí para a frente, os descendentes de Sadoc serão os únicos a exercerem o sacerdócio em Jerusalém. O grupo sadoquita ganha, assim, sua legitimidade na condução de Israel após o exílio, suplantando o grupo levita e o grupo aaronita, acusados de se associarem aos que prestavam culto nos "lugares altos", os *kemarim*, como vimos (2Rs 23,5.8.9).

Textos sobre o período exílico (do norte e do sul)

Os autores considerados deuteronomistas fazem em 2Rs 17,24-41 um comentário sobre a situação religiosa do norte, após a queda do Reino de Israel (722 a.E.C.) – período exílico.

Na literatura deuteronomista, o menosprezo pelo culto no norte já vinha desde a divisão dos reinos de Israel e Judá, quando os santuários do norte começaram a ser considerados, pelos do sul, como idolátricos, por causa dos bezerros de ouro erigidos por Jeroboão, e ganhou força no tempo de Josias, quando esses santuários foram considerados concorrentes perigosos para a política de centralização do culto em Jerusalém, pois Josias buscava a unidade política nacional, tentando recuperar parte do antigo reino unido sob Davi.[14] Foi assim que nasceu o descrédito dos habitantes de Judá em relação aos habitantes do norte, identificados com sua capital, Samaria.[15]

No entanto, a situação religiosa de Judá não foi isenta de contaminações com os ídolos. Bastaria dizer que o exílio da Babilônia é considerado o castigo pelos pecados de um único rei de Judá, Manassés, a quem é atribuída a introdução de toda a idolatria que existiu em Judá (2Rs 23,26-27). Isto fica mais claro quando se trata dos sacerdotes do norte: eles já vinham sendo desqualificados, considerados "ilegítimos", desde a divisão dos dois reinos, por prestarem culto em outros santuários e transformarem o Deus de Israel em mais um "Baal" no panteão dos deuses.

O interesse dos deuteronomistas se volta mesmo é para o exílio dos judaítas, na Babilônia. Eles informam que os nobres de Judá foram deportados pelos babilônios, entre os quais, com certeza, estariam os sacerdotes (2Rs 24,12), sendo que, mais tarde, dois deles que ainda ficaram em Jerusalém foram executados pelos babilônios, junto com outros dignitários do palácio (2Rs 25,18-21). Já sabemos que a classe sacerdotal ficou sem função e identidade com o exílio, pois seu ofício, nesta época, estava estritamente associado ao Templo e ao Estado.

---

[14] 2Rs 23,15-20. Cf. a nota de rodapé na *Bíblia de Jerusalém*, no versículo 15.

[15] Descrédito que se encontra presente ainda no tempo de Jesus. Cf. Jo 1,46; 4,9; 7,41.52.

Desse modo, os sacerdotes redescobriram uma nova identidade e função: manter unida a fé do povo, juntar suas tradições religiosas e buscar conservá-las não somente na memória, mas também por escrito. Sobre esse período temos abundante material nos salmos e especialmente nos profetas Isaías II, Ezequiel e Baruc.[16] Ezequiel era um dos sacerdotes exilados (Ez 1,3) e seu livro prova como, de fato, coube a ele e, com certeza, a outros sacerdotes tomarem a defesa do javismo e buscarem na fé a explicação para o que aconteceu.

> O Templo é a sua preocupação principal, quer se trate do Templo presente maculado por ritos impuros (c. 8) e que a glória do Senhor abandona (c. 10), quer se trate do Templo futuro, cujo plano descreve minuciosamente (cc. 40–42) e para o qual ele vê Deus voltar (c. 43). Guarda o culto da Lei (Torá) e, na história das infidelidades de Israel (c. 20), a censura de "ter profanado os sábados" volta como um refrão. Tem horror às impurezas legais (4,14) e uma grande preocupação por separar o sagrado do profano (45,1-6) [...]. Seu pensamento e vocabulário assemelham-se à Lei de Santidade (Lv 17–26). [...] os ritos – que subsistem – são valorizados pelos sentimentos que os inspiram.[17]

Nos capítulos 40 a 48, chamados de "Torá" de Ezequiel, este "esforça-se por adaptar a legislação antiga às novas condições e tirar proveito das experiências recentes, a fim de evitar a Israel as tentações e os abusos que o conduziram à ruína".[18] Para a teologia sacerdotal é fundamental o capítulo 44, que, a partir do versículo 4, estabelece regras claras e severas sobre

---

[16] Cf. Sl 44(43); 74(73); 79(78); 80(79); 137(136); Is 40–55; 60–62; Ez e Br.

[17] Cf. Introdução a Ezequiel na *Bíblia de Jerusalém*.

[18] Cf. Ez 40, nota na *Bíblia de Jerusalém*.

o novo culto. Quanto ao acesso ao Templo e, evidentemente, ao ministério sacerdotal, exclui os incircuncisos, ou seja, os estrangeiros, acusando os sacerdotes anteriores de terem encarregado "qualquer um de exercer o ministério" (44,8). Quanto aos levitas, acusa-os de terem se afastado do Senhor e, por isso, os exclui do sacerdócio, reduzindo-os a funções de menor dignidade, como ajudantes dos sacerdotes (44,10-14).

Como os autores deuteronomistas, também os sacerdotes exilados teceram a sua explicação para o desastre nacional. Eles também buscavam um sentido para tudo o que estava acontecendo e, por isso, se debruçaram sobre o passado de Israel. O Salmo 137(136) alude a encontros dos exilados às margens do rio para recordar o passado. Aí transparece, sobretudo, a santidade de Deus e o pecado de Israel. O Deus Santo escolhe esse povo pecador para ser *o seu povo particular* e se mantém fiel à sua promessa de salvá-lo. Mas é necessário que os israelitas exilados aprendam a não cair nos mesmos erros dos antepassados, pois Deus continua querendo para si um povo santo (Ez 43,7-8).

Assim, podemos dizer que os sacerdotes israelitas no período exílico deram um passo qualitativo, desligando-se temporariamente das funções cultuais ao Rei e ao Templo, para se tornarem intérpretes da história, percebendo nela a ação de Deus. Mesmo como hipótese de que os sacerdotes tenham-se inspirado nos costumes babilônicos, de escrever suas leis e seus códigos, como o Código de Hamurabi do século II a.E.C., podemos acreditar que, com seus escritos, os sacerdotes de Israel, neste período, procuraram dar sentido à fé e à esperança nas promessas feitas pelo Eterno.

Textos sobre o período pós-exílico (domínio persa)

Os textos que nos fornecem informações mais específicas sobre esse período são os Livros de Esdras e Neemias. Por eles é que se sabe que, em 539 a.E.C., o Império Neobabilônico foi subjugado pelo rei persa, Ciro, o qual, em 538, deu a todos os expatriados a liberdade de voltarem para seus países de origem, entre os quais se encontravam judaítas e, no meio destes, muitos sacerdotes (Esd 1,1-5). Nem todos quiseram voltar à terra natal, pois já tinham alcançado uma vida relativamente estável na Babilônia (cf. Ne 1,1-3). Estes deram início ao que mais tarde seriam as comunidades judaicas da "Diáspora", ou seja, os judeus que viviam dispersos pelas nações. Mas os que voltaram para Judá continuaram tendo, nos sacerdotes, a sua principal liderança local (cf. Esd 3,2.8; 5,2 etc.).

Nesse período, Judá fazia parte da "satrapia[19] de Além-Rio" (o Eufrates), a "Transeufratênia" (cf. Esd 4,10; 5,3 etc.), que por sua vez era dividida em províncias. Não se sabe se Judá constituiu logo de início uma província separada, ou se ficou sujeito à autoridade da província de Samaria, mais próxima. Contudo, a administração da comunidade judaica restaurada ficou a cargo de um governador civil, assessorado por um sacerdote chefe.[20]

A restauração de Judá ocorreu em quatro etapas. Cada etapa é associada a um chefe judaico, enviado do exílio a Judá pela autoridade persa: a primeira etapa foi com Sasabassar (538 a.E.C.), de quem não é mencionada a companhia de nenhum sacerdote chefe. Durante sua breve missão, não se fez praticamente nada em favor da restauração do culto em Jerusalém (Esd 1,8).

A segunda etapa foi com Zorobabel (520 a.E.C.), acompanhado de Josué – sacerdote chefe. Foram eles que levaram a cabo a reconstrução do Templo e a restauração do culto (Esd 2–6). A terceira etapa foi com Neemias, de 445 a 430 a.E.C., que atuou tanto

---

[19] Termo que significa "protetorado".

[20] Gottwald, N. K. *Introdução socioliterária à Bíblia hebraica*. São Paulo, Paulus, 1988. p. 402.

no campo político e civil como no campo religioso, sobretudo na reorganização do culto (Ne 1–7). A quarta etapa foi com Esdras (428 a.E.C. ou mais tarde),[21] que é denominado tanto sacerdote (título judaico) como escriba (título persa) (Esd 7–10).

Foi Esdras quem introduziu o Livro da Torá como base para a justiça civil e a prática religiosa de Judá,[22] promulgando-o como uma espécie de "constituição" do povo de Deus (Ne 8). Segundo Esd 7,26, o sacerdote Esdras, de descendência sadoquita (Esd 7,1-2), recebeu do rei persa Artaxerxes autoridade para punir ou executar, se necessário, quem não cumprisse os preceitos religiosos da Torá! Também é atribuída ao sacerdote Esdras a estruturação da religião judaica enquanto sistema religioso com identidade própria. Como disse W. Gruen, ele foi "o pai do judaísmo".[23]

Textos sobre o período da dominação grega

Os textos bíblicos que nos fornecem informações sobre uma parte do período da dominação grega (333 a 63 a.E.C.) são os dois Livros de Macabeus, mas eles abrangem um curto período de tempo: entre 175 e 124 a.E.C.

Como vimos, no exílio da Babilônia os sacerdotes deportados de Jerusalém se tornaram líderes comunitários e assumiram o papel de manter a unidade do povo de Israel, mediante a observância dos preceitos básicos: o monoteísmo (fé no Deus UM), a circuncisão, o sábado e a observância das leis de higiene e pureza quanto aos alimentos.

---

[21] Não existe consenso sobre a seqüência histórica dos fatos referentes a Neemias e Esdras, pois a cronologia dos textos de Esd e Ne apresentam difíceis problemas para os historiadores. Apoiamo-nos na opinião de que a obra de Esdras supõe que a de Neemias já estava realizada (cf. Introdução a Esdras/Neemias, na *Bíblia de Jerusalém*).

[22] GOTTWALD, op. cit., pp. 407-409.

[23] *O tempo que se chama hoje*, cit., p. 184.

Após o exílio e com a reconstrução do Templo de Jerusalém, surgiu a figura do sumo sacerdote, provavelmente com o sacerdote Josué, na primeira etapa da volta do exílio (cf. Ne 12,1-26; Ne 3,1). Mesmo quando Israel era dominado por outros reis, a autoridade do sumo sacerdote, em Israel, foi reconhecida por esses reis, tanto pelos persas quanto pelos gregos e posteriormente pelos romanos (Esd 7,12-26). Estes, porém, lhe impunham algumas restrições.

Múltiplas funções dos sacerdotes israelitas

É importante conhecer as principais funções sacerdotais em Israel, para que penetremos na mentalidade, na cultura na qual se encontram os que escreveram e reelaboraram os principais textos do Pentateuco. Esses escritos muitas vezes recorrem à simbologia e à linguagem própria do ambiente cultual. Por exemplo: concebem o mundo como um grande "templo", onde cada coisa tem a sua ordem e a sua dignidade, com colunas sustentando a abóbada do Céu; classificam os povos, os animais e as coisas em "puros" e "impuros", valorizam a observância dos preceitos voltados para o culto, como o *shabbat* ou descanso religioso, os sacrifícios, a pureza e as festas litúrgicas. O sacerdócio não nasceu já com todas essas funções, tampouco elas foram sempre exclusivas dos sacerdotes, mas ao longo de séculos foram se agregando ao cargo de sacerdote. Vamos, pois, conhecer o trabalho de um sacerdote israelita, segundo as Escrituras.

Zelar pelo santuário

No tempo da caminhada pelo deserto, por volta de 1250 a.E.C., era necessário guardar a Tenda da Reunião,[24] onde ficava a Arca da Aliança, e controlar a entrada das pessoas no terreno

---

[24] A *miskân* (casa) ou *óhel* (tenda), ou *óhel moêd* (tenda do testemunho).

sagrado,[25] em volta da Tenda (Nm 1,53; 3,23-32.38). Quando o povo se punha em marcha, eram os sacerdotes quem levavam a Tenda e a Arca (Nm 4,5-6; Dt 10,8; 2Sm 15,24-29). Tudo o que diz respeito ao santuário era de responsabilidade dos sacerdotes. Depois da conquista da terra, onde já se haviam estabelecido alguns santuários locais, cada santuário tinha o seu sacerdote responsável: Eli em Silo (1Sm 1,3), Abiatar e Sadoc em Jerusalém (2Sm 15,24; 1Rs 2,27) e Amasias em Betel (Am 7,10).

Coube aos reis cuidar da parte física e material do Templo, demonstrando também zelo e decoro pela Casa de Deus. Assim Salomão construiu o Templo de Jerusalém e providenciou a execução de todos os pormenores de sua decoração. Posteriormente alguns reis fizeram modificações ou reformas nas construções do Templo (1Rs 6,1; 2Rs 12,5-6; 16,10-18; 21,4; 22,3-7).

Consultar a Deus

Por sua relação íntima com o Santuário, quer fosse a Tenda da Arca quer o Edifício da "casa de Deus" (cf. Jz 17,5; 1Sm 3,2.15), o sacerdote exercia a função de "consultar o Senhor" a pedido dos fiéis, pois competia a ele aproximar-se de Deus para apresentar as demandas do povo. Essa proximidade com Deus o tornava alguém capaz de proferir uma palavra certa, vinda de Deus, para a necessidade específica do fiel. As pessoas costumavam ir ao santuário para expor ao sacerdote seus pedidos, esperando uma resposta da parte de Deus (Dt 33,8-10). Ainda que sua oração pudesse ser dirigida diretamente a Deus, sem a intermediação do sacerdote, como também a resposta de Deus, que fala diretamente ao orante (ex.: a oração de Ana em 1Sm 1,9-18 e a de Salomão em 1Rs 8,22ss), o mais comum era consultar a Deus por meio do sacerdote. A resposta do sacerdote

---

[25] O *haram*, vocábulo árabe que expressa segregação, proibição (daí *hérem*, excomunhão, e *harém*, aposento de mulheres).

era acolhida como um "oráculo", isto é, uma revelação de Deus sobre o assunto da consulta (cf. a resposta de Eli a Ana, em 1Sm 1,17 e também o pedido dos danitas ao levita, em Jz 18,5-6).

A revelação direta, que poderia ser mediante visões, sonhos ou discurso direto de Deus ao interlocutor (ver 1Sm 3,4), não era a forma mais usual de comunicação. O sacerdote, normalmente, devia deduzir a resposta divina quase sempre com o auxílio de alguns instrumentos sagrados, exclusivamente de uso sacerdotal: o *efod,* peça do vestuário sacerdotal (ver Jz 17,5 e 18,14), os *terafim,* os *Urim* e *Tummim,* que eram pedrinhas, ou talvez varetas, ou ainda um tipo de dado, que eram lançados para tirar a sorte (ver 1Sm 14,41), e, talvez, os próprios sacrifícios que ele oferecia, ao observar as vísceras dos animais imolados e as chamas.[26] Não se sabe exatamente como eram usados esses instrumentos, nem como os sacerdotes podiam deduzir com eles a vontade divina. Em vários casos de "consulta" se diz que "não houve resposta do Senhor" (ver 1Sm 14,37 e 28,6). Isso mostra que a interpretação desses instrumentos não era automática. Os sacerdotes também podiam conhecer o oráculo divino por uma intuição interior, por inspiração.

É importante frisar que a função de "consultar a Deus" não era exclusividade dos sacerdotes. Com o crescimento do movimento profético em Israel, passou a ser também atribuição dos "videntes", dos "homens de Deus" e dos profetas (no sentido próprio),[27] que se especializaram em transmitir os "oráculos do Senhor".

---

[26] Também se observava a fumaça, embora não haja registro, na Bíblia, de sacerdotes utilizando esse meio de "consulta a Deus". Mas em Ez 21,26 ele é citado como costume babilônico. Há uma ligeira alusão a este costume em Jz 13,19-23. Pelo fato de os sacerdotes lidarem diariamente com os sacrifícios, não é de todo impossível que eles utilizassem, vez ou outra, essa prática para obter uma resposta divina a um problema particular, a pedido do oferente.

[27] Os três termos ora se distinguem, ora são sinônimos.

Oferecer sacrifícios[28]

Até o ano 70 E.C., o culto tinha sua centralidade nos sacrifícios de animais e na oferta dos produtos da terra. Essa maneira de prestar culto era comum em todo o Oriente Médio. Cabia aos sacerdotes oferecer os sacrifícios a Deus em nome do povo, queimando as vítimas em parte ou no todo, ou incensando sobre o altar. Antes essa função era realizada pelo próprio oferente, o pai de família. E, em situações especiais, também o rei podia exercê-la (1Sm 13,9-10; 1Rs 3,4.15).

Em Israel, quase tudo era motivo para se oferecer um sacrifício pelos benefícios recebidos de Deus: a colheita, a reprodução do gado, o nascimento de uma criança, a cura de uma doença, o fim de um período difícil, uma revelação particular em que Deus se mostra favorável ao visitado, a vitória na guerra etc. Além dos votos pessoais, dos pedidos de perdão pelos pecados individuais ou coletivos, da necessidade de purificação em certos casos particulares etc. Exceto nos holocaustos, nos sacrifícios "comuns", o sacerdote tinha o direito de ficar com uma parte para si (Lv 6,19-22; 7,7; 1Sm 2,12-17).

Instruir o povo com a Torá

A Torá, ou Instrução de Deus, foi entregue aos cuidados dos sacerdotes (Dt 31,9.26; 33,10), para que instruíssem o povo no modo de viver em sociedade e de cultuar ao Deus de Israel. Era um ensino também ético, levando o povo a viver no dia-a-dia as exigências da Aliança.[29] Progressivamente, após o tempo de Malaquias (430 a.E.C.), a função da instrução foi sendo assumida pelos escribas e doutores da Lei, que eram "leigos", pois não eram da linhagem sacerdotal, nem levítica.

---

[28] Para uma compreensão mais clara dos diversos sacrifícios praticados no culto israelita, ver: CASTELOT, op. cit., pp. 1762-1767.

[29] Cf. Dt 33,9-10; Mq 3,11; Jr 18,18; Ez 7,26.

Julgar delitos e conflitos

A função de consultar a Deus associada à de instruir, na Torá, também revestia os sacerdotes de uma competência judiciária: deviam julgar casos de litígio e de lesão corporal (Dt 21,5) e, quando faltavam indícios para se descobrir o autor de um delito grave, tinham de intervir para julgar e decidir (Dt 21,1-9; Nm 5,11-31).[30] A "consulta a Deus" por meio do lançamento da sorte era a forma mais usual de indicar quem era o culpado de determinado pecado, cujo castigo atingia a todos (1Sm 14,36-42), e para definir qual o escolhido por Deus em disputas para um cargo ou missão, como no caso da escolha de Saul (1Sm 10,20-21). Essa prática ainda era habitual no tempo dos Apóstolos, como, por exemplo, na escolha de Matias (At 1,26).

Declarar puro ou impuro (santificar)

Já vimos que, do ponto de vista teológico, o culto em Israel nasceu da eleição desse povo por Deus, como povo de sua particular propriedade. Essa escolha divina de Israel traz como conseqüência o compromisso da santidade: Israel deve ser santo como seu Deus é santo.[31] A santidade de Israel é entendida, aqui, como ausência de pecado, de qualquer tipo de situação que torne Israel repugnante ao seu Senhor. Da necessidade de ser santo, surge, então, o conceito de pureza: o que é bom, agradável, perfeito, sem mancha, limpo, íntegro, saudável, belo diante de Deus. E, ao contrário, o conceito de pecado se associa ao de impureza, mancha, sujeira, imundície, tudo o que é repugnante, defeituoso e desagradável.

Era preciso determinar bem o que é puro e o que é impuro, tanto em relação às pessoas, aos animais, aos alimentos e aos

---

[30] Cf. Vanhoye, A. Verbete "Sacerdozio". *Nuovo dizionario di teologia biblica*. Torino, Paoline, 1988. p. 1389.

[31] Cf. Lv 20,7.8; 21,7.8; 22,16.

objetos quanto em relação aos atos e aos lugares, para que o fiel israelita possa viver no dia-a-dia sua vocação à santidade, mediante a observância das regras de pureza. Daí, nos meios sacerdotais, foram surgindo as listas: do que se pode ou não comer (Lv 11; Dt 14,1-21)[32] e de situações que tornam a pessoa impura, como ter contato com pessoa ou animal mortos (Lv 11,31ss),[33] ou com qualquer tipo de sangue (Lv 17,1ss), ou com fezes (Dt 23,13-15); apresentar manchas na pele, sinal de possível doença contagiosa (Lv 13,1ss); ter doenças venéreas (Lv 15,1ss); manter relações sexuais (Lv 15,16-18) e praticar a adivinhação (Lv 19,31). A mulher, além dessas situações, se tornava impura também nos dias da menstruação e no parto, como ficava impuro tudo o que ela tocasse nesses dias (Lv 12,1-8; 15,19-30). Igualmente, o sêmen do homem o tornava impuro (Dt 23,11-12).

A função de declarar o puro e o impuro não se relacionava, em primeiro plano, com a noção moral de "pecado", enquanto descumprimento de algum preceito divino. A pureza ritual estava inicialmente muito mais relacionada com as situações físicas que tornavam o indivíduo desabilitado de participar do culto. Essas medidas de "saúde pública" visavam claramente à preservação da coletividade de um surto de doenças para cuja erradicação não se dispunha de outra solução.

Mas, pouco a pouco, surgiu a idéia de associar as doenças físicas ao pecado, dando-lhes uma causa moral. Daí, quem estava em alguma dessas situações era impedido de participar do culto, porque seria um "pecador" e, como tal, indigno de estar na presença do Deus Santo. Por outro lado, os puros

---

[32] Sicre, J. L. *Introdução ao Antigo Testamento*. Petrópolis, Vozes, 1995. p. 127. Como faz notar este autor, de um modo geral a lista coincide com o que ainda hoje não apeteceria a nenhum estômago: cobras, lagartos, ratos, urubus, abutres etc.

[33] Ver também Nm 5,1-4; 19,9.11-16.

são os justos, os que têm a bênção de Deus, e purificar-se significa arrepender-se dos pecados e converter-se a Deus, voltando a cumprir seus mandamentos, sua Lei. Assim, a impureza se torna metáfora do pecado: é uma mancha, uma sujeira, uma imundície que deve ser lavada (cf. Is 1,18; Ez 36,25; Sl 51,4.9).

Competia, pois, aos sacerdotes controlar as condições de pureza, em vista da santidade exigida pelo culto, e preparar a devida purificação, para que a pessoa pudesse entrar no culto. Esse senso da santidade de Deus, que exigia a santidade de Israel, foi a pedra básica sobre a qual eles construíram todo o sistema de pureza e impureza. Para os casos de lepra ou doença de pele, a legislação é bem detalhada em Lv 13–14. Para os demais casos, o sacerdote devia usar a "água lustral", cujos ritos de preparação e uso são descritos em Nm 19.

Abençoar as pessoas e o povo

O texto de Nm 6,22-27 traz uma fórmula de bênção usada pelos sacerdotes para abençoar o povo, reunido em assembléia, invocando sobre ele o Nome do Senhor. Essa invocação era penhor de fecundidade, felicidade e paz.[34] No entanto, mesmo na monarquia, quando a classe sacerdotal foi instituída, era comum que o próprio rei abençoasse o povo. A bênção recebida de um sacerdote, entretanto, era muito apreciada e suas palavras tinham eficácia, mesmo que o sacerdote fosse um estrangeiro, como Melquisedec, que abençoa Abrão (Gn 14,18-19).

A bênção também podia ser proferida por um pai de família, um líder ou um profeta. Mas parece que algumas fórmulas de bênçãos ou maldições ficaram reservadas unicamente aos sacerdotes, como, por exemplo, Dt 27,12-26.

---

[34] Cf. Vanhoye, op. cit., p. 1390.

Fraquezas e sombras do sacerdócio em Israel

Nesta seção mostraremos textos que relatam como em certos períodos alguns sacerdotes também passaram das convicções religiosas que fundamentavam a prática cultual e moral em Israel para as ideologias que tanto legitimavam a concentração de poder, quanto esvaziavam o sentido da oblatividade do sacrifício, fazendo com que se incorresse no risco de cair no ritualismo, que esvazia de sentido e de "espírito" o próprio rito sacrifical.

O puro e o impuro: da escolha à segregação

Da função de declarar o que é puro e o que é impuro, cuja base espiritual e teológica é a vocação de "ser santos como Deus é santo", decorre a preocupação dos sacerdotes com os mais variados aspectos da vida pessoal, familiar e social dos israelitas. Não podemos ver, nessa preocupação com a pureza, somente o aspecto moral ou apenas ritual. Podemos perceber que as regras estão muito ligadas à higiene e à saúde, como forma de se evitar doenças e contaminações. Portanto, o fim último de todas as regras de pureza é garantir a saúde, a vida, e nisso refulge a glória de Deus, pois ele é o Deus da vida, que quer seu povo saudável, forte e bem disposto.

O problema surge quando se cai no ritualismo e no puritanismo, em que as pessoas consideradas "impuras" são segregadas, excluídas, impedidas de participar do culto e até condenadas como pecadoras, sem direito às bênçãos de Deus. O povo de Deus fica, assim, dividido em duas categorias de pessoas: os poucos que se consideram puros e os demais que são impuros, alguns em estado permanente e irreversível de impureza! No caso dos portadores de doenças de pele, além da segregação do culto, havia a segregação física da pessoa, que devia viver fora da cidade e não se aproximar dos outros (Lv 14).

Percebe-se o quanto esse componente de segregação se radicalizou, causando profundas marcas na vida das pessoas.

As esferas da santidade: a legitimação da exclusão

A crescente importância dada à pureza levou à classificação dos lugares por "esferas de santidade": o Santo dos Santos, no Templo, ou a Tenda, quando não havia Templo, era o lugar mais santo do mundo, onde só o sumo sacerdote podia entrar uma vez por ano, pois era aí que ficava a Arca da Aliança, sinal visível mais sagrado da presença do Deus Santo de Israel.

Em torno dessa restritíssima "esfera de santidade" derivavam as outras esferas, em ordem decrescente de santidade à medida que se afastavam desse ponto central: o Santo, local onde só os sacerdotes entravam e onde estavam os altares dos sacrifícios e do incenso; depois, o pátio dos homens e o das mulheres israelitas, juntamente com o "pátio dos pagãos", espaço onde os não-israelitas podiam ocupar, ainda como partes integrantes do Templo; a partir daí, as esferas de santidade abrangem as áreas em torno do Templo: a colina onde estava o Templo, que é o monte Sião, a cidade de Jerusalém, a Judéia ou, no passado, o reino unido de Israel e, enfim, o povo de Israel, mesmo disperso entre as nações. Tudo o mais que se encontrava fora dessas esferas era forçosamente impuro.

A santidade para os outros povos só seria possível se eles deixassem a esfera da impureza e fossem entrando, cada vez mais, nas esferas que o aproximavam da Arca da Aliança: antes de mais nada, tornando-se "israelita, judeu", mediante a circuncisão (é o prosélito); daí, obedecendo aos preceitos mosaicos, sobretudo quanto às regras de pureza; enfim, adorando e cultuando só o Deus de Israel, recusando os ídolos, peregrinando ao Templo, em Jerusalém, pelo menos uma vez ao ano, na Páscoa. Quem não percorresse esse caminho, estaria excluído da santidade.

Da graça do perdão à redução ritualista da expiação do pecado

No contexto da exigência de santidade, ganharam extrema importância os sacrifícios de expiação, pois eram eles que respondiam, em mais alto grau, pela santidade e pureza do povo. O mais importante de todos os sacrifícios era aquele feito no "grande dia da expiação", o *Yom kippur* (Lv 16). Era esse o único dia em que o sumo sacerdote (e somente ele!) podia entrar no Santo dos Santos, esfera mais sagrada do mundo, na parte mais sagrada do Templo. A liturgia do *Yom Kippur*, o Dia da Expiação, manifestava a maior exigência de santidade e pureza do povo eleito.[35] Era por meio desse ritual de expiação, realizado anualmente, que todo o povo de Israel manifestava seu arrependimento e recebia de Deus o perdão de seus pecados.

Na teologia do êxodo, a Páscoa, como memorial da libertação da escravidão, dom maior de Deus ao seu povo e razão da própria eleição, é o dia mais importante da vida do israelita. Na visão sacerdotal, porém, a centralidade da vida religiosa de Israel deslocou-se da Páscoa-Libertação para a expiação, a partir da exigência de santidade e pureza do povo. Essa mudança de compreensão no eixo cultual criou distorções e expiar os pecados ficou mais importante do que libertar os oprimidos!

Ao perceber essas distorções, o sacerdote-profeta Oséias criticou duramente os sacerdotes do reino do norte, chamando-os a voltar à centralidade da misericórdia, do amor, em lugar dos sacrifícios (Os 6,6). Também o sacerdote-profeta Jeremias condenou os seus contemporâneos por criarem uma incoerência entre os sacrifícios no Templo e a justiça que devia ser praticada no dia-a-dia (Jr 7,1ss; 11,15-17).

---

[35] Ibid., p. 1392.

As pessoas mais santas: do prestígio ao poder

Nos períodos exílico e, principalmente, pós-exílico, o prestígio do grupo sacerdotal de linhagem sadoquita foi crescendo, até assumir papéis sociais de relevância. Nesse cenário de prestígio e liderança, cresceu a importância do sumo sacerdote, que se tornou a autoridade máxima em Israel, tanto religiosa como política. Em torno do sumo sacerdote se formou um estreito círculo de relacionamento: a elite da sociedade judaica.

Cresceu o prestígio dos sumo sacerdotes, porque eram considerados "os mais santos" dentre o povo de Israel, ou foi o contrário? Tiveram mais poder porque acumularam muitos bens, ou se enriqueceram à custa de poder? O fato é que eles foram associados ao líder, Moisés, como seu "braço direito", seu porta-voz. No período monárquico estavam estreitamente ligados ao rei, sendo seus funcionários reais, o que permitia aos reis nomeá-los e destituí-los das funções.[36] A concentração do culto num único santuário, em Jerusalém, jogou uma sombra de ilegitimidade sobre os cultos em outros santuários e, por conseguinte, diminuiu a importância de outros sacerdotes que aí exerciam seu ministério, até que o sacerdócio "legítimo" se concentrasse no Templo de Jerusalém. No entanto, o culto e o sacerdócio praticados fora de Jerusalém eram perfeitamente aceitos pela tradição religiosa israelita mais antiga.[37]

Olhar crítico sobre a Obra Sacerdotal

O grupo sacerdotal torna-se cada vez mais uma elite privilegiada e, assumindo sempre mais o exercício do poder político em Israel, esse estreito grupo dominante tinha a sua própria ideologia, isto é, a sua visão de mundo, a sua compreensão da

---

[36] VV.AA. *Dicionário internacional de teologia do AT*. São Paulo, Vida Nova, 1998. pp. 704-705. Aqui se desenvolve um estudo sobre o significado de *kohen* como "oficial-mor".

[37] Cf. Gn 26,23-25; 28,10-22; 33,18-20; Js 4,19; 7,6; 18,1; 19,51; 1Sm 3 e Jz 18.

história. Essa ideologia, como toda ideologia, lhes servia para justificar seus privilégios e sua posição na sociedade. Sabemos o quanto era caro aprender a escrever naquela época. Quem poderia escrever, senão pessoas com muitos recursos? Podemos, pois, pressupor que alguns interesses "de classe" se infiltraram nos escritos sacerdotais. O objetivo desses textos é, claramente, demonstrar que Israel é um povo separado dos demais, apesar de estar disperso entre as nações, para servir unicamente ao Senhor, como povo particular de sua herança. E, para os sacerdotes, essa pertença exclusiva de Israel ao Senhor se manifesta sobretudo pelo culto e pela observância das regras de pureza.

Porém, essa ideologia sacerdotal contém riscos: dar excessiva importância aos ritos, caindo no ritualismo; absolutizar as regras, chegando ao legalismo e ao juridicismo; acentuar demasiadamente o sacrifício, negando a oblatividade. Porém, os dois maiores riscos da teologia sacerdotal são: aproveitar-se da boa-fé do povo para explorá-lo em benefício próprio por meio das ofertas, dízimos e taxas religiosas, usando a religião para se manter os privilégios da classe sacerdotal e transformar a religião em "ópio do povo",[38] alienando-o de seus compromissos históricos. Alguns profetas denunciaram veementemente os sacerdotes que se corromperam, provavelmente porque se aproveitavam dos sacrifícios e dízimos para enriquecer à custa do povo e "em nome de Deus" (cf. Os 4,4-10; Mq 3,11; Jr 7,11). Nesse contexto, as práticas religiosas se tornaram um meio de alienar o povo e a imagem de Deus foi manipulada para dominar, explorar e excluir os que não cumpriam os rituais.

É preciso estar atentos, então, a esses limites da Obra Sacerdotal, para que esta seja resgatada em toda a sua beleza, simplicidade e força, na busca do sentido oblativo da vida.

---

[38] Expressão utilizada por Karl Marx e Friedrich Engels, no livro: *Manifesto do partido comunista*. Petrópolis, Vozes, 1988.

III

A teologia sacerdotal nas Escrituras judaicas

Sacerdotes escritores?

Para este estudo bíblico interessa a influência que a teologia sacerdotal exerceu sobre boa parte dos escritos bíblicos. De fato, em uma classe tão importante em Israel, em cujas mãos estava, praticamente, toda a responsabilidade de conservar a identidade do povo, é muito provável que os sacerdotes se viram no dever não só de conservar a fé israelita por meio dos poucos escritos que já existiam até a época do exílio, como também – e muito mais – de produzir novos escritos, enriquecendo a tradição escrita dessa fé, da qual eles se sentiam guardiões. É compreensível que nessa tarefa eles imprimiram aos escritos (sobretudo o Pentateuco) o seu modo próprio de pensar, inclusive reescrevendo os escritos preexistentes.

No entanto, a pesquisa atual sobre o Pentateuco revela um emaranhado de hipóteses sobre diversas fontes, ou camadas redacionais, na redação do Pentateuco, em que fica claro que o mais prudente é colocar de lado a questão da origem e da formação dos textos e interpretá-los como estão, em sua redação final.[1]

Vamos trabalhar com a tese de que um grupo de sacerdotes israelitas, caso não tenha produzido textos próprios,

---

[1] SICRE, op. cit., pp. 83-91. Cf. também PURY, A. (Org.). *O Pentateuco em questão.* Petrópolis, Vozes, 1996.

pelo menos leu e releu a "história" de Israel, reescrevendo textos já existentes. Esses textos, obviamente, foram marcados pela visão sacerdotal do mundo, da história, de Israel e suas relações com Deus. A centralidade do culto e, nele, do sacrifício, especialmente do sacrifício no Templo, unificado e exclusivo em Jerusalém, a partir de Josias (640-609 a.E.C.), baliza toda a compreensão de Deus e da identidade de Israel, chamado a ser santo como o Senhor, seu Deus, é santo (cf. Lv 20,25).

A "história" da humanidade e de Israel segundo a Obra Sacerdotal

Como é comum acontecer na Bíblia, muitos textos da Obra Sacerdotal projetam para o passado de Israel a importância de certas práticas religiosas. Assim, por exemplo, a criação, na tradição *javista* (J) visava a ressaltar o papel do homem e da mulher como zeladores do jardim de Deus, o Éden (Gn 2,4b-25). Na ótica sacerdotal, porém, a criação aponta para a observância do sábado, o sétimo dia, justificada pelo próprio descanso (*shabbat*) de Deus, após ter concluído a sua obra (Gn 1,1-2,4a). Nesta seção apresentaremos os textos classificados como originais da Obra Sacerdotal.[2] Algumas perícopes[3] serão analisadas mais detalhadamente do ponto de vista exegético e outras serão comentadas mais profundamente do ponto de vista teológico

---

[2] CORTESE, Enzo. Verbete "Sacerdotale (P)". *Dizionario teologico interdisciplinare.* Marietti, Casale Monferrato, 1977. pp. 170-184. Seguimos a opinião deste autor, de que há pelo menos dois grandes blocos de escritos sacerdotais: um que ele classifica com a sigla Pg, que reuniria os textos originais da Obra Sacerdotal, e outro, com a sigla Ps, que abrangeria a complexa rede de acréscimos e retoques posteriores.

[3] Termo grego *perikopê, ês*, que significa: ação de cortar em volta; divisão dos capítulos dos livros; capítulo determinado. Dele deriva o verbo *periikoptó*, "cortar em volta".

A história de Israel retratada nos inícios da "história" da humanidade em Gn 1–11

Gênesis 1–11 pode ser considerado, no Pentateuco, a "pré-história" do povo de Israel ou a sua introdução. A "história" de Israel, propriamente dita, começa com o chamado de Abraão em Gn 12,1. Mas Israel não está isolado dos outros povos. Ao contrário, vive intensas relações com os povos vizinhos, relações na maioria das vezes conflituosas, em que Israel ora é dominado e explorado, ora é quem domina e explora. Por isso, os autores bíblicos não poderiam imaginar a "história" de Israel sem antes situá-la na grande história da humanidade, com a qual os israelitas também compartilham muitas questões.[4]

A importância de compreendermos bem o significado destes textos está no fato de que as principais narrativas de Gn 1–11, a saber: a criação do mundo, a origem do ser humano, o primeiro pecado, a expulsão do paraíso, o assassinato de Abel, o dilúvio e a arca de Noé e a torre de Babel, durante séculos foram repassadas a nós como sendo fato acontecido, como história, no sentido científico da palavra. Isso tem causado, desde o início da ciência moderna, o grande conflito que hoje vivemos entre fé e razão, teologia e ciência. Mas esse conflito desaparece quando olhamos esses textos não como "históricos", mas sim como teológicos, ou seja, refletem a busca do sentido da vida e dão respostas a questões essenciais da existência humana que ultrapassam os tempos: Quem somos? De onde viemos? Por que existem as coisas? Por que o mundo é assim?

Sabemos que todo o Pentateuco é uma "salada" de tradições: Javista (J), Eloísta (E), Deuteronomista (D) e Sacerdotal (P) – de *Priestercodex* (código sacerdotal), em alemão. Não é

---

[4] Para uma abordagem mais completa desse tema, veja: SCHWANTES, Milton. *Projetos de esperança:* meditações sobre Gn 1–11. São Paulo, Paulinas, 2002.

tarefa fácil separar os ingredientes dessa salada. Mas isso nem é tão importante para a interpretação do texto, porque o gostoso é saborear a salada pronta, em que cada ingrediente contribui com seu sabor para dar mais gosto ao todo. Contudo, sempre que pudermos distinguir essas tradições, torna-se possível conhecer melhor o pensamento de cada uma delas, ajudando a interpretar o texto de modo mais crítico.

Devemos observar que não existe consenso entre os estudiosos da Bíblia sobre quais versículos são desta ou daquela tradição. Os textos a seguir são considerados sacerdotais com uma "discreta segurança", segundo Cortese.[5]

O poema da criação em sete dias (Gn 1,1–2,4a)

Temos, no Gênesis, dois relatos da criação: o mais antigo é o da criação do Jardim de Éden, de tradição javista, que tem linguagem bem popular, em forma de conto. Sua redação deve ter sido no período davídico ou salomônico (século XI ou X a.E.C.). Encontra-se em Gn 2,4b-25. Outro relato mais recente é o da Tradição Sacerdotal, o qual usa a linguagem poética. Sua redação deve ser do tempo do exílio da Babilônia (séc. VI a.E.C.) e se encontra em Gn 1,1–2,4a. Destacamos alguns detalhes importantes nesse poema:

- O versículo 1 é o título, o enunciado do poema. Não é ainda o poema em si, que começa no v. 2. O ato divino de "criação" começa mesmo é no v. 3, com a criação da luz.

- Os autores sacerdotais não conheciam um conceito filosófico do "nada", por isso, utilizavam imagens para falar do que seria a ausência de coisas criadas,

---

[5] Cortese, op. cit., pp. 170-184.

combinando conceitos que se aproximam de uma noção do que seria o caos: a terra deserta, o vazio, as trevas, o abismo, o vento sobre as águas, a imagem da tempestade.

- Há um ritmo e um crescendo no poema. O ritmo é dado pelas repetições: "Deus disse", "e assim se fez", "Deus chamou", "Deus viu que era bom" e "houve tarde e manhã, tal dia". O crescendo está na ordem das coisas criadas, numa certa lógica (não científica, é claro), classificando as criaturas por sua magnitude, pela importância para o ser humano.

- Alguns detalhes mostram que não há preocupação científica no poema: a luz é criada sem uma fonte emissora (sol e estrelas); os vegetais aparecem antes do sol, sem o qual, entretanto, não haveria a fotossíntese das plantas; não se fala da criação do "ar", tão fundamental para a vida na terra.

- O termo "homem" no versículo 26 é coletivo. Hoje dizemos "ser humano". O hebraico não tem conceitos abstratos, por isso se utiliza de um conceito bem concreto: *háAdam* (feito de barro) para significar a humanidade. Para não deixar dúvidas, o v. 27 explicita: homem (sexo masculino) e mulher (sexo feminino), ele os criou.

- Tudo o que fez antes da criação do ser humano, Deus "viu que era bom". Depois da criação do ser humano, viu que "era *muito* bom".

- O versículo 2,4a conclui o poema. O termo *toledot*, que significa "gerações", "descendência", é traduzido por "história", mas o hebraico bíblico não conhece esse termo atual.

A teologia sacerdotal presente no poema da criação

Se fôssemos ler esse texto do ponto de vista científico atual, descobriríamos algumas contradições internas: as águas parecem ser já preexistentes, não criadas; a luz é produzida antes que existam fontes emissoras (sol, estrelas); já se fala em "dia" e "noite" antes que existam sol e lua. Uma comparação com a narrativa javista (2,4b-25) põe em relevo as diferentes concepções sobre as origens e nos revela que a intenção desses textos não é dar uma resposta científica à questão das origens, mas sim incutir alguns valores de caráter permanente sobre Deus e sobre a dignidade, e o papel do homem e da mulher na obra de Deus. Ou seja, o objetivo é fazer teologia.

A teologia sacerdotal vê na criação o primeiro grande dom de Deus, chamando à existência, a partir do nada, todos os seres e oferecendo-lhes a abundância da vida. Especial vocação tem o ser humano, última obra do Criador, a quem Deus oferece, dá, tudo o que criou, para que usufrua e ao mesmo tempo preserve.

A Tradição Sacerdotal aproveita o esquema mesopotâmico da criação em sete dias, existente também no Egito, mas acrescenta a idéia de que "a criação é um fato da história, sendo seu início, sua primeira semana".[6] O termo *toledot* é usado também para falar da descendência de um homem. Por isso, o poema desmistifica a criação: ela deixa de ser compreendida como sucessão de gerações divinas, assim como as criaturas deixariam de ser compreendidas como emanações divinas. O poema bíblico da criação em sete dias representa um notável avanço teológico em relação aos mitos criacionistas da Suméria e do Egito.

---

[6] Cf. *Bíblia de Jerusalém*, nota de Gn 2,3.

Ao contrário da narrativa popular da criação do Éden, na Tradição Sacerdotal Deus não precisa de nada para criar, pois a sua Palavra basta para que as coisas existam. A Palavra divina tem a força criadora da vida. Voltar-se para ela e acolhê-la é condição essencial para que a vida do povo não seja vencida pelo caos.

A própria concepção de Deus como Criador assegura a sua distinção das criaturas, com as quais ele não pode ser confundido. Na teologia sacerdotal o ser humano é imagem e semelhança de Deus e daí nasce a sua dignidade, mas ele não é igualado a Deus, que permanece transcendente, único e anterior ao mundo.

"O trabalho humano é apresentado como continuação da obra do Criador e o descanso no sétimo dia será uma participação no descanso divino."[7] O sábado ganha o destaque de ápice da criação, embora o preceito ainda não seja formulado aqui, pois fica reservado para o Sinai. O preceito sabático manifesta e celebra a dignidade de Deus, do ser humano e das demais criaturas. Desse modo, a observância do sábado, ponto de chegada da narrativa, mais do que simples descanso físico – que aliás é necessário também dentro de cada ciclo de "tarde e manhã" – se torna proclamação da bondade do Deus oferente que nos dá a vida, chamando-nos à existência, e da gratidão do ser humano que nesse dia se dedica a Deus e lhe oferece seu culto. O *Shabbat* está, pois, vinculado à dádiva da criação. Celebrar o *Shabbat* é celebrar a vida, dom de Deus. É unir-se a toda a natureza no grande louvor universal ao Criador.

O *Cosmo* significa harmonia, equilíbrio, beleza, ordem, organização, tudo no seu lugar, tudo bem. Já *Caos* representa desarmonia, barulho, desequilíbrio, feiúra, desordem, bagunça,

---

[7] Ibid.

tudo fora do lugar, tudo ruim. O cosmo absoluto é a perfeição total, o ser totalmente realizado em sua bondade. O caos absoluto é o nada, a total negação de tudo o que possa existir. É o não-ser, o vazio, o que não tem sentido, nem forma, nem conteúdo. O poema da criação em sete dias quer refletir sobre isso: Deus criou tudo do nada, fazendo acontecer o cosmo, dando sentido a tudo o que existe, encaminhando a existência para um sentido de beleza, de bondade, de perfeição. O versículo 2 afirma esse "nada" com as imagens do caos: a terra deserta, o vazio, as trevas, o abismo, o vento sobre as águas (imagem da tempestade). A partir do versículo 3 começa a acontecer o cosmo: Deus vai criando e organizando "o céu e a terra", isto é, o universo.

O poema (como todo o Gênesis!) não olha para o passado, querendo descrever o que aconteceu de fato. Olha para o momento presente que o povo estava vivendo: o *caos* da vida no exílio, uma vida cheia de sofrimento, de perdas dos valores mais profundos que eles tinham e, por conseqüência, de perda da própria fé e da esperança no futuro. O povo se perguntava: afinal, qual é o projeto de Deus para nós? Poderemos sair desse *caos* em que estamos? Muitos achavam que não, que o sonho de uma vida em paz acabara. Podemos lembrar aqui um texto muito significativo dessa mesma época, que revela esse sentimento de desânimo do povo: a visão de Ezequiel, em Ez 37,1-14. Aí o povo está como ossos secos amontoados num vale, totalmente sem vida, sem esperança, sem futuro. Ezequiel, que era sacerdote, reflete essa situação e tenta apontar uma saída, dizendo: "Porei o meu espírito dentro de vós e haveis de reviver: eu vos reporei em vossa terra e sabereis que eu, o Senhor, *falei* e hei de *fazer*". Note-se a semelhança com o poema de Gn 1: "Deus *disse*" e "assim se *fez*". Como Ezequiel, a Tradição Sacerdotal, que escreveu esse lindo poema da criação, quer apontar para a esperança de uma vida nova para um povo que não encontra mais sentido em sua vida. O poema indica, então, a esperança:

o Deus que transformou o *caos* em *cosmo* pode nos tirar dessa situação. Trata-se de uma reflexão profundamente humana, marcada pela fé. Não tem nada a ver com explicações científicas sobre a origem das coisas. É uma reflexão mais abstrata e teológica do que a narrativa do cap. 2, de tradição javista, em que a linguagem é mais concreta, mais "plástica", falando de solo, deserto, chuva, frutos, fonte, barro, costela, modelagem, sono e o próprio conceito de Éden como jardim, pomar de delícias.

O poema da criação não diz como nem quando, nem com o que as coisas foram feitas. Os autores sacerdotais da época do exílio da Babilônia não sabiam isso, como nós também hoje ainda não o sabemos, exatamente. Mas não era a intenção deles dar uma resposta. Eles apenas pegaram o que se dizia na época sobre as origens e teceram, com essas narrativas populares, toda uma reflexão teológica sobre o sentido da vida, o destino do povo e o futuro de toda a humanidade, partindo da fé que tinham em Deus. Não partiram das experiências científicas, mas da fé no Deus que tudo criou e tem um objetivo para toda a nossa existência, mesmo que tudo pareça um caos.

Diante dessa situação, o poema da criação quer contribuir para que o povo volte a descobrir sua identidade, sua vocação e o sentido de sua vida. O poema revela que o plano de Deus, não só para Israel, mas para todo ser humano, para todos os povos, é muito bom. Não se pode culpar a Deus pela situação ruim em que eles se encontram. O mesmo vale para nós, hoje. Se o mundo, a vida, as pessoas, não estão sendo do jeito que Deus quer, então é preciso descobrir as causas desse caos e fazer alguma coisa para mudar a situação.

No pós-exílio a vida continuou sendo dura para a maioria do povo. Por isso, sempre surgiram novas questões e a necessidade de se reverem certas tradições que, às vezes, não respondiam mais às angústias populares. Assim, o que temos nos 11 primeiros capítulos do Gênesis é o resultado de toda essa busca de sentido para a vida, especialmente para aquele povo sofrido, pisado, jogado como peteca nas mãos dos poderosos. Toda a seqüência de Gn 1–11 desemboca na promessa, na Aliança de Deus com Abraão (cap. 12). É aí que Israel vê a sua origem, o seu chamado à existência. A realização dessa Aliança, porém, só se dará com a libertação no êxodo e a entrega da Torá no Sinai.

Genealogia de Adão e Eva por meio de Set (Gn 5,1-28.30-32)

A Obra Sacerdotal tem um agudo interesse pelas genealogias e pelas listas de povos (etnologias). Essa é a primeira lista genealógica da Tradição Sacerdotal. Retoma a simbologia javista do primeiro casal criado por Deus, aproximando-a ao poema da criação (vv. 1-2), para depois apresentar a sua descendência por meio de Set, já que na tradição javista a genealogia de Set parou no seu filho Enós, enquanto a lista dos descendentes de Caim chegou até a quinta geração.

A Tradição Sacerdotal parece apresentar Set como o primeiro filho de Adão e Eva, "como sua imagem", pois não faz referência a Caim e Abel, embora não o chame explicitamente de primogênito. Mas para compor a lista dos descendentes de Set, aproveitou alguns nomes que na lista genealógica javista são descendentes de Caim (comparar com Gn 4,17-22). A descendência de Set chega até Noé e assim faz a ligação com o próximo grande evento da história da humanidade, depois da criação: o dilúvio.

É da linhagem de Set que no futuro nascerá Abrão, o pai do povo de Israel. Vemos aqui o interesse dos sacerdotes em valorizar a raça israelita por meio da descendência de Set, que fica como se fosse o primogênito do primeiro casal criado por Deus.

Note-se que no v. 2, o nome "Adão" aparece com seu verdadeiro significado de "ser humano". Ele é aplicado a ambos os sexos, concordando com Gn 1,27, em que homem e mulher são imagem e semelhança de Deus, sem distinção. Esses textos sacerdotais apontam para a igual dignidade de homem e mulher, sem entrar na questão de quem surgiu primeiro, diferente da narrativa javista que distingue dois momentos, privilegiando o sexo masculino (cf. Gn 2,7.18-23).

O número de anos de vida atribuído a cada um é exagerado e vai decrescendo com o passar das gerações, sendo estas o sinônimo das épocas que se sucedem no tempo. Esses números não são idênticos nas versões grega e samaritana. A melhor interpretação é vê-los como números simbólicos: acreditava-se que viver muito era bênção de Deus (cf. Pr 10,27). Desse modo, a enorme longevidade dos inícios, que vai diminuindo a cada geração, põe em relevo o distanciamento que foi aumentando entre Deus e os seres humanos, à medida que o mal, o pecado, foi crescendo. A "fórmula" seria esta: cresce o pecado, aumenta o distanciamento; perde-se a bênção, diminui a longevidade. Assim, dos primeiros homens até Noé, a faixa das idades vai caindo de perto dos 1000 para cerca de 600 anos, com exceção de Henoc, que viveu apenas 365 anos (confira mais adiante); depois de Noé até Abraão, a faixa diminui dos 600 para cerca de 200 anos; já para os Patriarcas e Matriarcas dos hebreus, a faixa etária cai dos 200 para 120 anos.

No tempo em que esses textos foram escritos, a longevidade não passava dos 70 anos, considerando-se "fato notável quem chegasse a 80" (cf. Sl 90[89],10). Essa perspectiva de uma longevidade como fruto da bênção de Deus é projetada para a época messiânica, quando quem morresse com 100 anos era considerado que "morreu cedo" (Is 65,20).

Nessa lista sacerdotal chama a nossa atenção o personagem Henoc. Seu número de anos de vida é o menor de todos nesse período – 365 anos –, mas é um número perfeito, pois é o número de um ano solar completo. Dele se diz que "andou com Deus", expressão que será aplicada também a Noé, "o justo" (Gn 6,9); dele ainda não se diz que morreu, mas que "desapareceu, pois Deus o arrebatou", privilégio que somente Elias também terá, o que o torna alguém muito especial na tradição religiosa. Henoc será exaltado posteriormente por sua piedade no Livro do Eclesiástico (44,16 e 49,14) e a ele serão atribuídos livros apócrifos do judaísmo. Apesar de ser o que menos viveu, seu filho Matusalém foi o que viveu mais tempo, em toda a humanidade: 969 anos. É o sinal da bênção divina para uma família que "anda com Deus".

As listas de descendentes, aparentemente secas e chatas, têm a importante função literária de fazer a ligação das etapas da história, pois, como já dissemos, o hebraico bíblico não tem o termo "história", mas sim usa a palavra *toledot*. Na Obra Sacerdotal, as *toledot* têm a função de introduzir algo importante que vai ser apresentado logo em seguida, chamando a atenção para aquilo que segue. O suceder das "gerações" (*toledot*) marca a sucessão dos tempos, com seus acontecimentos, seus personagens e seus feitos. É o "correr" do tempo, onde cada geração é uma época, com o seu surgimento, seu apogeu e seu ocaso, dando origem, porém, a outra etapa da história.

Dilúvio: a renovação da criação e a aliança universal (Gn 6–9)

A narrativa sobre o dilúvio tem duas tradições que estão entrelaçadas no texto atual: uma é javista, mais viva, colorida, e a outra é sacerdotal, mais seca, porém, mais refletida, profunda.[8] A Tradição Sacerdotal sobre o dilúvio pode ser esquematizada numa

---

[8] Textos sobre o dilúvio, considerados próprios da fonte sacerdotal: Gn 6,9-22; 7,6.11.13-16a.17a.18-21.24; 8,1-2a.3b.4-13a.14-19; 9,1-3.7-17.28.

estrutura de círculos concêntricos, com sete elementos, em que o quarto é o centro. Graficamente, visualizamos assim o esquema:

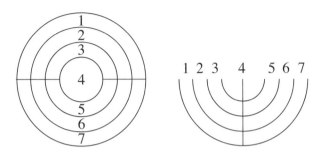

Onde:

1 = Informação sobre Noé e seus filhos (6,9-10).

2 = Reflexão teológica: o crescente pecado é a causa do dilúvio (6,11-13).

3 = A arca: Deus instrui, Noé executa e entra na arca com a família e os animais (6,14-22).

4 = O dilúvio: tudo perece nas águas e só os que estão na arca se salvam (7,6.11.13-16a.17a.18-21.24; 8,1-2a.3b.4-13a).

5 = A arca: Noé sai com sua família e os animais (8,13b.14-19).

6 = Reflexões teológicas: novo começo para o mundo; Deus faz uma aliança de paz com toda a criação (9,1-3.7-17).

7 = Informação sobre Noé e seus filhos (9,28–10,32).

A teologia sacerdotal na narrativa do dilúvio

Na visão sacerdotal, o dilúvio é o primeiro grande acontecimento do mundo após a criação. O passo seguinte já é a etapa dos Pais e das Mães do Povo, no começo da "história" de Israel. A justificativa para o dilúvio é o pecado da humanidade, que cresceu "universalmente" e se tornou insuportável. Bem ao gosto sacerdotal, deverá ser feita uma "purificação" do mundo. Para esse propósito teológico, a narrativa de um dilúvio universal vinha bem a calhar. Histórias de grandes e catastróficas inundações eram comuns na Mesopotâmia, região plana situada entre os rios Tigre e Eufrates. Os autores sacerdotais se valeram dessas narrativas para refletir sobre algo que para eles era fundamental: o pecado é uma impureza que contraímos e nos distancia de Deus; essa "sujeira" não condiz com a santidade e a dignidade às quais somos chamados a viver; por isso, é necessária uma purificação. A purificação se dá cortando o mal pela raiz: o pecador é eliminado, enquanto o justo é salvo, pois aquele que não se sujou na lama do pecado não merece a mesma sorte do pecador.

Mas o objetivo da narrativa vai além do "castigo" pelo pecado ou da necessidade de purificação. Salvo por Deus e, superada a catástrofe, Deus dá início à nova etapa da história, que, como veremos, é um novo começo da criação. Com essa teologia na cabeça e um conto popular sobre uma inundação sem precedentes "no mundo inteiro", os sacerdotes puderam construir a narrativa bíblica do dilúvio: o pecado da humanidade veio crescendo desde Adão e Eva e atingiu níveis intoleráveis. O "justo" é representado por Noé e sua família, sendo o único que não se corrompeu. Deus, então, vai salvar esse "justo", enquanto fará perecer todos os pecadores, o resto da humanidade.

As águas do dilúvio purificarão, assim, o mundo todo, e após a saída da arca tudo renascerá. Além de dar, oferecer novamente a terra e a criação aos sobreviventes, Deus fará uma aliança com a humanidade e toda a natureza, uma aliança de paz. É o Deus oferente que agora estabelece uma aliança por pura bondade, sem determinar mútuas implicações, pois já sabe que com a humanidade ele não obterá um diálogo de igual para igual. A aliança após o dilúvio é, pois, unilateral: Deus não insiste no cumprimento de exigências, mas apenas ressalta sua bondade que quer ver reconhecida, celebrada e, aí sim, imitada na vida de cada um e de todo o seu povo.

De Sem, filho primogênito de Noé, surgirá depois Abrão, que será o pai dos israelitas. Mas outro filho de Noé, Cam, cairá na desgraça de "ver a nudez do pai" (o que é considerado, na visão sacerdotal, um pecado abominável). Esse episódio justificará a maldição da "raça de Cam", votada a ser escrava da descendência dos outros dois filhos, Sem e Jafé. Prepara-se, assim, a justificativa para a conquista da terra de Canaã, pois os povos cananeus serão listados entre os descendentes de Cam.

"Deus se lembrou" (8,1) é uma expressão importante na Bíblia, que geralmente fala da misericórdia de Deus. É um antropomorfismo, sem dúvida, mas sempre que Deus "se lembra", essa "lembrança" resulta em uma ação de misericórdia, de bondade e de perdão da parte de Deus. Essa é muito mais uma atitude que nós, humanos, esperamos de Deus: que ele tenha misericórdia, que ele nos perdoe. Numa palavra, que ele se lembre de nós. E quando nos sentimos acolhidos e perdoados, aí sim dizemos que Deus "se lembrou". Portanto, não é que Deus tivesse se esquecido de Noé. Como o dilúvio se baseia num conto popular, dá margem para essa imagem antropomórfica de Deus, mas o desenrolar da narrativa vai mostrar que, afinal, Deus não quis mesmo exterminar tudo e todos. Tanto que salvou Noé e os casais de animais com ele.

O dilúvio é uma espécie de volta ao caos de antes da criação. O v. 2 entende que "as águas de baixo", ou seja, as fontes do abismo, jorraram para cima, enquanto as comportas do céu se abriram e despejaram sobre a terra as "águas de cima".

Assim, tudo volta a ser só água, como antes da criação, quando Deus separou as águas de baixo das águas de cima através do firmamento, uma espécie de teto em forma de abóbada ou concha. Isso abre uma possibilidade de interpretação positiva do dilúvio, pois voltar ao princípio da criação é como recomeçar tudo. Assim se confirma que a "intenção" de Deus não era, de fato, destruir tudo, e sim recomeçar. Isso fica mais claro na perícope de 9,1-17.

A última reflexão teológica aponta para a Aliança de Paz, simbolizada no arco-íris, em que Deus toma a iniciativa de fazer um pacto de paz com toda a criação: a humanidade e a natureza, declarando solenemente não mais destruí-las. O dilúvio mostra muito mais a renovação da vida, após uma catástrofe, do que o mal da destruição em si. E o fato de Deus salvar um grupo, um resto, simbolizado pela família de Noé, revela o quanto ele ainda acredita na humanidade que criou.

O texto aponta, pois, para uma nova criação, uma volta ao início, uma nova chance para a humanidade, um começar de novo: em 8,17 se repetem as mesmas palavras de Deus em Gn 1,22, na criação dos animais: "que pululem sobre a terra, sejam fecundos e se multipliquem sobre a terra". E em 9,1-7 se reproduzem palavras semelhantes usadas por Deus na criação dos seres humanos, em Gn 1,26.28s. Era isso o que os exilados precisavam ouvir após a catástrofe nacional!

Dessa forma, volta à imagem do Deus Criador que "viu que tudo era bom", sobrepondo-se à imagem do Deus destruidor, que a catástrofe do dilúvio inevitavelmente deixa em nossa cabeça. Nesse sentido, o conto popular mesopotâmico, que falava de uma catástrofe de inundação, serve de moldura para o povo exilado contemplar esse Deus que "lava a sujeira", deixando tudo limpinho para que a história do povo possa seguir em frente. Deus estabelece uma aliança (primeira vez que aparece o termo na Bíblia) com "todos os seres vivos", por meio de Noé e sua família.

Por extensão, toda a criação, tudo o que existe no mundo visível, portanto, toda a obra de Deus, todo o universo, é partícipe dessa aliança de paz. O seu sinal visível é o símbolo do arco-íris. Por ser um fenômeno natural, que só aparece quando chove, faz sol e, então, se apresenta no céu, mas desce até a terra, o arco-íris adquire uma significação muito profunda para essa idéia de uma aliança mundial pela paz. Suas cores, unidas num só anel, apontam para a desejável união de todos os povos, superando conflitos e preconceitos e convivendo harmoniosamente, cada qual preservando sua própria característica e identidade, que enriquece e embeleza o todo.

Para os descendentes de Abraão por meio de Isaac, o sinal da aliança será a circuncisão; para os israelitas libertados com Moisés, será a arca da aliança que contém as pedras gravadas com as palavras da Torá, os mandamentos de Deus para seu povo libertado. A paz da parte de Deus a todos os povos (simbolizados nos três filhos de Noé) e a toda a criação é uma promessa irrevogável de Deus. Ao ver o arco-íris no céu, ele vai "se lembrar da aliança" e não mais destruirá a vida. Mas, se é assim, por que não existe paz no mundo?

Como toda aliança pressupõe dois parceiros que entre si fazem o pacto, podemos logo perceber que se Deus se mantém fiel ao que prometeu, não o é o ser humano, como não o foi Israel e como não o somos também nós, hoje. Aqui está um ponto importante da teologia sacerdotal: qualquer coisa que Deus fizer pelo seu povo, será por pura benevolência e não simplesmente para recompensar a boa conduta do povo, pois este jamais conseguirá se manter plenamente fiel à Aliança. Essa idéia se aproxima muito da teologia da graça, em Paulo.

Detalhe: o número de casais de animais que Noé deve introduzir na arca é confuso: na narrativa javista do dilúvio, que é mais antiga, Noé devia pegar sete casais de animais puros e apenas um casal dos animais impuros (cf. Gn 7,2-3). Já na Tradição Sacerdotal, entra apenas um casal de cada animal, seja puro, seja impuro (cf. Gn 6,19-20; 7,8-9.15-16).

Um último detalhe curioso: ao contrário do vegetarianismo de Gn 1,29-30, agora Deus permite aos humanos comer carne (9,3), sem distinção entre animais puros e impuros. A proibição de comer certos animais, como o porco, por exemplo, será reservada especificamente aos israelitas e aparecerá na legislação pós-sinaítica. A reserva colocada sobre o sangue na permissão de comer carne pode ser um acréscimo (9,4). A preocupação com o sangue é uma marca sacerdotal.

A lista genealógica de Noé: a "tabela dos povos" (Gn 10,1a.2-7.20.22s.31s)

Essa é a segunda lista genealógica da Tradição Sacerdotal. Quer dar uma visão de conjunto da humanidade após o dilúvio, com quem Deus faz uma aliança de paz.

O grupo sacerdotal que redigiu esses textos concebia o mundo dividido em três regiões, cada uma com seus povos: no norte viviam os Jafetitas; no sul, os Camitas; na região central do mundo, os Semitas. Portanto, os nomes dos três filhos de Noé – Sem, Cam e Jafet – correspondem aos nomes do povo de cada região. Os nomes têm significados quase sempre ligados a uma profissão, ao lugar social da pessoa ou a uma característica física dela: Sem (*Shem*) é relacionado com os céus (*shammaim*), ou com o sol (*shemesh*) ou com "nome" (*shem*), e significa filho do céu, elevação, altura, grandiosidade, renome, dignidade, importância, fama, glória, eminência, fartura e abundância. Sem é o primogênito de Noé e de sua descendência surgirá Abrão, o primeiro patriarca hebreu. Cam (*Ham*) quer dizer ligado à terra, trabalho, esforço, fadiga, dor, paixão, calor, quente, forno, fornalha, queimado e negro. O Egito (*Mitzraim*) e a Etiópia (*Cuch*) são associados aos descendentes de Cam, porque seus povos têm a pele escura e também porque esses países lembram para os israelitas o trabalho forçado, a opressão e a escuridão. Jafé (*Jafet*) tem o sentido de dilatar o espaço. Sua raiz é *Fat, Pat*: abrir espaço (cf. *Efeta* = abre-te), ampliar, libertar, infinito, vastidão, liberdade, progresso, universalização, beleza e encanto.

Normalmente as listas genealógicas são fictícias e não pretendem ser "documento histórico", mas sim criar um elo familiar simbólico entre grupos diversos, combinando elementos de tradições anteriores (daí a freqüente repetição de nomes) e incluindo também nomes de pessoas influentes, de povos ou regiões dos quais se tomou conhecimento mais recentemente.[9] O objetivo, neste caso, além de proceder à sucessão das épocas históricas, é criar uma relação de consangüinidade entre as pessoas e os grupos, já que a relação consangüínea é um valor importante naquelas culturas – aliás, o é até hoje, sobretudo para o povo israelita – e dar uma visão mais linear da história, substituindo a cronologia pela genealogia.

Genealogia particular dos semitas (Gn 11,10-26)

Último elo da corrente que liga a humanidade pós-diluviana ao povo de Israel, esta terceira lista genealógica da Tradição Sacerdotal retoma a descendência de Sem, seguindo pela linhagem de Arfaxad, para chegar em Abrão. A lista utiliza os nomes da tradição javista até Faleg, seguindo tradição própria deste ancestral para a frente. Como todas as genealogias, ela

---

[9] Esse mesmo recurso foi usado para se dar nome aos 12 filhos de Israel, associando-os às regiões onde as 12 tribos se estabeleceram, segundo a tradição bíblica.

faz a ligação entre etapas importantes da história, nesse caso, entre o dilúvio, do qual Sem foi contemporâneo, e a aliança com Abrão e Sara, passando então da história humana geral para a "história" particular de Israel. O objetivo é chegar logo aos Pais e Mães do Povo, que ficam assim inseridos na grande história da humanidade.

Note-se como a lista segue a linha vertical, de pai para filho, levando diretamente a Abrão, resumindo os demais membros de cada geração com a frase genérica "gerou filhos e filhas", nunca nomeando as mães. Como já dissemos, as genealogias são artifícios literários, muitas vezes só para indicar a passagem dos tempos, conectando as etapas, ou também para criar laços de aproximação consangüínea a grupos vizinhos do povo.

A "história" de Israel

Para a Tradição Sacerdotal, a "história" da humanidade, em Gn 1–11 serve de introdução à "história" de Israel, cujas raízes são Abraão e Sara. O fio condutor da "história" particular de Israel é a promessa de Deus de uma posteridade numerosa e da posse da terra de Canaã, onde o povo poderá viver em paz, na prosperidade e prestando a Deus o seu culto. O cumprimento gradativo dessa promessa, realizando a Aliança, marca toda a caminhada do povo que começa com a caminhada de Abraão e Sara, saindo de sua terra. Desde então o povo de Abraão terá de fazer muitas saídas, muitos êxodos, até que encontre o "descanso prometido". A Obra Sacerdotal quer mostrar como, aos poucos, Deus foi realizando sua promessa, fiel à sua Aliança com o povo, ao mesmo tempo em que esse povo, às vezes infiel à Aliança, passou por várias dificuldades em sua caminhada.

O material sacerdotal sobre a "história" de Israel é muito extenso, por isso, podemos resumi-lo em duas grandes etapas:

1) os Pais e as Mães do Povo, com o Ciclo de Abraão e Sara, que inclui a relação com Agar, e o ciclo de Jacó-Israel e suas esposas, Lia e Raquel (Isaac não tem um ciclo próprio); 2) a caminhada do Egito à Terra Prometida.

Os Pais e as Mães do Povo

Chamamos de Pais e Mães do Povo aqueles homens e aquelas mulheres que estão na raiz do povo de Israel, seus Patriarcas e suas Matriarcas, pois um povo não nasce só de um homem: sem a colaboração das mulheres não existiria o povo. Depois de abordar a "história" da humanidade, a Tradição Sacerdotal se volta, agora, para a "história" particular de Israel, cujas raízes são Abraão e Sara e, depois, Jacó e suas duas mulheres, Lia e Raquel, com seus respectivos filhos.

O ciclo de Abraão, Sara e Agar (Gn 11,27–25,11)[10]

A Tradição Sacerdotal sobre Abraão, Sara e Agar é esta:

- a família de Abrão e Sarai parte de Ur, com destino a Canaã, mas pára em Harã, na Mesopotâmia (Gn 11,27.31s);

- Abrão, Sarai e seu sobrinho Ló partem de Harã e chegam a Canaã (12,4b-5);

- Ló se separa de Abrão e vai habitar na Planície do Jordão (13,6.11b.12b);

- a esterilidade de Sara leva-a a entregar sua escrava Agar a Abrão, que então gera Ismael (16,1a.3.15-16);

- Deus institui a Aliança com Abrão prometendo-lhe uma numerosa descendência e a posse da terra de Canaã;

---

[10] As narrativas sobre Abraão, em Gn 12–13, são da tradição javista, "com algumas adições sacerdotais ou redacionais" (cf. *Bíblia de Jerusalém*, nota de Gn 12,1).

muda-lhe o nome para Abraão e o de Sarai para Sara; pede a circuncisão dos machos como sinal visível de pertença ao povo da Aliança; promete consideração para com Ismael e garante que Sara gerará o "filho da promessa", mesmo na velhice (17);

- na destruição de Sodoma, Ló é salvo da morte por causa da consideração de Deus por Abraão (19,29);

- nascimento e circuncisão de Isaac (21,1b-5);

- narrativa da compra do sepulcro para Sara em Macpela, próximo a Hebron, em Canaã (23);

- morte e sepultura de Abraão em Macpela (25,7-11a).

Em todo esse material, só a narrativa sobre a Aliança e a da compra da gruta de Macpela estão conservadas por extenso e, inclusive, ampliadas. Os demais textos foram reduzidos a algumas notícias, ou simplesmente perderam detalhes desaparecidos nas sucessivas camadas redacionais pelas quais passaram. Alguns deles são associados às diversas idades de Abraão, para assegurar-lhes um caráter cronológico, dando mais realismo às narrativas: aos 75 anos ele parte para Canaã; aos 86 anos, nasce-lhe Ismael, de Agar; aos 99 anos Deus sela com ele a Aliança; aos 100 anos, nasce-lhe Isaac, de Sara; e aos 175 ele morre e é sepultado na terra que fora prometida a seus descendentes: Canaã.

A Obra Sacerdotal fala brevemente sobre Isaac e Rebeca, parte no ciclo de Abraão e Sara e parte no ciclo de Jacó, Lia e Raquel, mas não chegam a constituir um ciclo de narrativas, propriamente dito, como nas tradições mais antigas.

A promessa da descendência e da terra começou a se cumprir, de forma tênue, em Isaac, filho que Abraão e Sara geraram já na extrema velhice, e na compra de um pequeno terreno em Macpela para lhes servir de sepultura. A Aliança é associada à circuncisão: somente os circuncisos serão membros do povo de Abraão e portanto herdeiros da promessa. A circuncisão é outro tema caro à teologia sacerdotal. As narrativas sobre os Pais e Mães do Povo não têm caráter histórico, mas apenas querem ressaltar o vaivém, as dificuldades, os pecados, as angústias e esperanças deles e sua inabalável confiança na promessa de Deus, selada pela Aliança.

O ciclo de Jacó, Lia e Raquel (Gn 25,12-50; Ex 1,1–4,7)

A Tradição Sacerdotal sobre Jacó, Lia e Raquel é esta:

- a genealogia de Ismael e sua morte e a notícia do casamento de Isaac com Rebeca dão início ao ciclo de Jacó (Gn 25,12-17.19-20);

- nascimento de Jacó (Gn 25,26b);

- Jacó adquire de Esaú o direito de primogenitura (Gn 25,34);

- Rebeca se preocupa com o casamento de Jacó; Isaac o manda para Labão, irmão de Rebeca, em Padã-Aram, para escolher uma esposa (Gn 28,1-7); notícia de mais um casamento de Esaú, desta vez com uma ismaelita (Gn 28,8-9);

- Jacó retorna a Canaã, já com as duas esposas e filhos, e se estabelece em Siquém (Gn 31,18; 33,18);

- Deus se manifesta a Jacó em Luza (Betel): muda-lhe o nome para Israel, reitera a promessa de uma descendência e da terra; Jacó ergue aí um altar e dá ao local o nome de Betel (Gn 35,6.9-13.15);

- os filhos de Jacó com as suas mulheres (Gn 35,22b-26);

- Isaac morre e é sepultado pelos dois filhos (Gn 35,27-29);

- a descendência de Esaú com suas mulheres cananéias e sua separação de Jacó, indo para a terra de Seir (Edom) (Gn 36,1a.6-8a.9-11.12b.13.14a.43b);

- notícia: Jacó permanece na terra de seus pais (Gn 37,1);

- notícias sobre José, primeiro filho de Jacó e Raquel (Gn 37,2a α b; 41,46a);

- a família de Jacó migra para o Egito, onde prospera (Gn 46,6s; 47,27b);

- últimos desejos de Jacó, sua bênção para os filhos; sua morte no Egito e seu sepultamento em Macpela (Gn 47,28; 48,3-6; 49,1a.28b-33; 50,12s);

- os descendentes de Jacó-Israel se multiplicam no Egito (Ex 1,1-4.5b.7).

Três breves episódios constituem a base da "história" de Jacó nos documentos sacerdotais:

1) Jacó, instruído por sua mãe Rebeca, se afasta do irmão Esaú e vai para junto de seu tio Labão, em Padã-Aram.

2) Depois de vários anos trabalhando com Labão, volta com suas mulheres e filhos para Siquém e tem uma manifestação de Deus, em Betel.

3) Antes de morrer, já no Egito, expressa suas últimas vontades.

Esses três episódios são acompanhados de quatro genealogias: de Ismael, de Isaac, de Esaú e do próprio Jacó.

Na manifestação em Betel, Deus reafirma a Jacó as promessas feitas a Abraão e Sara, de lhes dar uma posteridade e a posse da terra de Canaã. A promessa de uma posteridade numerosa já começa a realizar-se na grande descendência de Jacó, que vai se multiplicando no Egito. Quanto à posse da terra, continuará como esperança futura, pois os descendentes de Jacó-Israel ainda vão ter de passar pelo Egito. A etapa do Egito e a saída dos hebreus em direção à Terra Prometida vão ser a próxima grande seção da "história" sacerdotal.

São considerados acréscimos sacerdotais, no ciclo de Jacó, as perícopes: Gn 36,9-14, com correções na lista dos descendentes de Esaú, e Gn 46,8-27, que é uma lista dos descendentes de Jacó.

A caminhada do povo do Egito à Terra Prometida

Esta parte da narrativa sacerdotal abrange, no sentido pleno da palavra, a história do povo de Israel. Não é mais a história dos antepassados, mas a história "presente" de Israel, pois cada israelita se sente parte na experiência do êxodo, como se estivesse lá. A narrativa se faz mais extensa e se descortina em todos os sentidos. Os diversos episódios são bem concatenados entre si, formando um único arco narrativo que vai da saída do Egito à chegada na terra de Canaã, com grande interesse no período em que o povo esteve acampado aos pés do Sinai, lugar da revelação divina da Torá. Aqui a Obra Sacerdotal insere quase todo o seu material legislativo, especialmente relativo ao culto. Entretanto, nesta seção é mais difícil distinguir, com clareza, o material original (P^g)[11] dos acréscimos posteriores (P^s). As narrativas do Sinai, por exemplo, foram tão reelaboradas que as adições superam em quantidade o documento original.

Devido à unidade temática desta etapa da "história" de Israel, apresentaremos primeiro os textos de forma resumida como viemos fazendo com os textos anteriores, para no final

---

[11] Para explicação destas siglas, conferir nota 2, p. 60.

comentar sobre a teologia sacerdotal presente nesses textos. Não obstante, quando da apresentação dos textos, chamaremos a atenção para um ou outro ponto que já revela algum aspecto importante dessa teologia.

A vocação de Moisés e as pragas do Egito

A Tradição Sacerdotal sobre a vocação de Moisés e as pragas do Egito narra:

- a escravidão dos israelitas; Deus ouve seus clamores (Ex 1,13s; 2,23-25);

- a vocação de Moisés (paralelo a Ex 3–4); Deus se apresenta com seu verdadeiro nome: *YHWH*; recorda a aliança com os Pais e Mães do Povo, pela qual lhes prometeu dar a terra de Canaã; compromete-se a libertar o povo da escravidão, fazer dele o seu povo particular e lhe dar a terra prometida (Ex 6,2-8);

- Moisés transmite ao povo as palavras de Deus, mas o povo não reage; Deus envia Moisés ao Faraó, mas Moisés se sente incapacitado (Ex 6,9-12);

- Aarão será o "braço direito" de Moisés; Deus "endurecerá o coração de Faraó" e promete fazer grandes sinais no Egito para que o povo saia (Ex 7,1-7);

- os sinais de Deus vão acontecendo: a vara de Aarão se transforma em serpente; os magos egípcios fazem o mesmo, mas a vara de Aarão devora as deles; Faraó endurece o coração e quatro pragas atingem os egípcios: as águas se convertem em sangue, mas os magos fazem o mesmo e Faraó endurece o coração; as rãs infestam o país, mas os magos fazem o mesmo e Faraó endurece o coração; os mosquitos infestam o país, mas os magos fazem o mesmo e Faraó endurece o coração; as cinzas de forno espalhadas pelo ar provocam úlceras em todos os egípcios, inclusive nos magos, que assim não conseguem manter-se em pé, mas mesmo assim Faraó endurece seu coração (Ex 7,8-13.19-20a.21b-22);[12]

- Deus dita o ritual da Páscoa, anunciando a praga da morte dos primogênitos egípcios e, enfim, a saída do povo; o sangue do cordeiro pascal nas portas será o sinal para "salvar" da morte os israelitas; Deus estabelece a festa da Páscoa e a festa dos Ázimos, como memorial da libertação (Ex 12,1-20);

- os israelitas cumprem as ordens divinas (Ex 12,28);

- os israelitas partem após 430 anos de permanência no Egito; admoestação a celebrar essa noite como "vigília para o Senhor" (Ex 12,40s).

Os textos sobre Moisés e as pragas têm uma introdução particular, constituída pela vocação de Moisés, que se abre com uma breve notícia sobre a escravidão dos israelitas. A partir daí é feito um resumo das pragas (somente quatro) e encerra-se com a vasta e solene legislação sobre a Páscoa e os Ázimos. A Tradição Sacerdotal sobre Moisés omite dados de sua biografia, em parte porque não quer afastar-se da linha arquitetônica e teológica que deseja apresentar.

É interessante notar que, para os escritores sacerdotais, Deus se manifesta a Moisés no Egito mesmo, não no Sinai, na Tradição Eloísta (ou Horeb, na Tradição Deuteronomista). Aarão é colocado com um grande destaque ao lado de Moisés. É a sua vara (e não a de Moisés) que serve de instrumento para provocar os sinais de Deus. As quatro pragas são narradas de forma concisa, como quatro episódios que se sucedem imedia-

---

[12] Ex 8,1-3.11ab.12-15; 9,8-12.

tamente um após outro, num esquema bem simples e repetitivo. A ênfase cai sobre o crescendo dos efeitos da devastação provocada pelas pragas. Chama-nos a atenção a quarta praga, a única que os magos egípcios não conseguem imitar, nem dela se livrar. Há uma "disputa" entre Aarão (o futuro sacerdote escolhido por Deus) e os magos egípcios.

A passagem pelo Mar Vermelho

Na Tradição Sacerdotal sobre a passagem pelo Mar Vermelho:

- Deus ordena que os israelitas acampem entre Magdol e Baal Sefon, junto ao mar dos Juncos; endurecimento do Faraó (Ex 14,1-4);

- o Faraó persegue os israelitas, que, ao vê-lo, clamam ao Senhor (Ex 14,8.9ab.10ab);

- Deus instrui Moisés para dividir o mar com sua vara (Ex 14,15-18);

- as águas formam duas muralhas; o povo passa pelo seco, perseguido pelos egípcios (Ex 14,21ab.22s);

- Deus manda Moisés estender a mão para fechar o mar; Moisés obedece e as águas recobrem os egípcios, carros e cavaleiros (Ex 14,26.27a.28s);

- os israelitas partem do mar dos Juncos, caminham três dias sem achar água e finalmente chegam a Elim, onde há doze fontes de água (Ex 15,22a.27).

Na narrativa da travessia do mar, as tradições, javista e sacerdotal estão muito misturadas, de modo que é difícil atribuir, com clareza, a qual delas pertencem certos versículos. O importante aqui é o destaque que o conjunto dá ao estupendo confronto entre o Faraó e o povo fugitivo, que termina na derrota total do Faraó. Só então se diz que o Senhor "manifestou a sua glória". O tema da glória do Senhor se abre aqui e continuará até o fim da Obra Sacerdotal.

Muitos explicam a passagem pelo Mar Vermelho pelos fenômenos naturais da região. Em certa época do ano, sopra um vento forte e quente, vindo do sul, que afasta as águas do mar, permitindo que se passe a pé nas partes mais rasas. Esse mesmo vento traz muita areia do deserto, formando uma nuvem de poeira que praticamente tampa a visão. Moisés, que viveu no deserto, deveria conhecer este fenômeno. Outros interpretam essas narrativas nas quais predominam o miraculoso, o inexplicável.

Contudo, podemos levar em conta outros fatores que influenciaram na formação, na transmissão e na redação do texto, como: o gênero literário, o contexto histórico, a mentalidade e a cultura da época, os objetivos dos autores etc.

As codornizes e o maná

A Tradição Sacerdotal sobre as codornizes e o maná:

- os israelitas partem de Elim e chegam ao deserto de Sin, já na região do Sinai; murmuram por não terem o que comer, lembrando-se das panelas e do pão no Egito (Ex 16,1-3);

- Deus ouve as murmurações e responde prometendo carne e pão para o povo comer (Ex 16,6-8);

- a glória de Deus se manifesta na nuvem; aparecem codornizes pela tarde e o maná pela manhã; o povo recolhe o maná em porções diárias; no sexto dia recolhem dupla porção, pois no sábado o maná não cai; o povo descansa no sétimo dia (Ex 16,9-27.30);

- notícia: o povo se alimentou do maná durante quarenta anos, até chegar nos limites da Terra Prometida (Ex 16,35a);

- partem "do deserto de Sin para as etapas seguintes" (Ex 17,1ab).

O episódio das codornizes e do maná, nas tradições mais antigas, é situado depois da parada no Sinai. Somente a Tradição Sacerdotal o coloca no início da caminhada pelo deserto, antes da chegada ao Sinai. Também aqui a glória do Senhor se manifesta antes do feito miraculoso. A partir do Sinai, Israel vai se confrontar com essa glória em todas as vicissitudes de sua caminhada. O maná é apresentado como o alimento maravilhoso da viagem para a Terra Prometida. O sábado volta a ganhar importância, visto que nesse dia o maná não cai e o povo descansa, pois a sua porção já fora recolhida no sexto dia.

Acampamento aos pés do Sinai

A Tradição Sacerdotal sobre o acampamento aos pés do Sinai:

- os israelitas chegam ao monte Sinai (Ex 19,1-2a);

- a nuvem da glória de Deus pousa sobre o Sinai; no sétimo dia Deus chama Moisés, que sobe à montanha e aí permanece por quarenta dias e quarenta noites (Ex 24,15b-18);

- começam as instruções cultuais: Deus pede a contribuição do povo:

  - instruções sobre a construção da Tenda (Ex 25,1-5.8s);

  - instruções sobre a Arca da Aliança; os querubins de ouro sobre a Arca (Ex 25,10-15.17s.20s);

  - instruções sobre a mesa (Ex 25,23-30);

  - instruções sobre o candelabro de sete chamas (Ex 25,31-37a);

- instruções sobre a construção da "Habitação" (Tenda) (Ex 26,1-11.14-17);

- instruções sobre o altar dos holocaustos e o átrio (Ex 27,1-18abα);

- instruções sobre os paramentos sacerdotais (Ex 28,2.6-40).

- notícia do término dos trabalhos como Deus ordenara (Ex 39,32.42s);

- a "Habitação" é levantada (Ex 40,17);

- os sacerdotes oferecem os primeiros sacrifícios pelo povo; a glória divina se manifesta a todo o povo, consumindo com fogo os sacrifícios (Lv 9,1-4a.5-17a.18-20.22.23b.24a);

- Deus ordena recensear o povo, menos a tribo de Levi; os encarregados do recenseamento são designados; apresentação dos resultados (Nm 1,1-47);

- Deus instrui sobre a disposição das tribos em torno da Tenda: a tribo de Judá ficará mais próxima da Tenda e será a primeira a levantar acampamento; a de Dã ficará mais longe e será a última a levantar acampamento (Nm 2,1-9a.10-16a.18-24a.25-31a.32s);

- Deus instrui sobre as tarefas sacerdotais, reservadas aos descendentes de Levi, sob a autoridade de Aarão a quem eles são "doados"; ordena o recenseamento dos levitas e estabelece a pena de morte para o profano que "se aproximar" de seu altar e a disposição dos clãs levíticos no acampamento (Nm 3,5-10.14-31.33-39);

- resultado do recenseamento dos levitas (Nm 4,34-49).

Estamos no cume da Tradição Sacerdotal. Sua importância é demonstrada pela quantidade de material existente somente nessa fase da caminhada do povo. Em grandes linhas, esta é a história narrada na seção: os israelitas, chegando ao Sinai no terceiro mês da saída do Egito, assistem ao espetáculo da nuvem, que dura seis dias. No sétimo dia, Moisés sobe e fica na montanha por quarenta dias, onde o Senhor o instrui como construir a Tenda e preparar os objetos para o culto. Observe-se que, na Tradição Sacerdotal, os preceitos e ordens que Deus transmite a Moisés no Sinai são todos relativos ao culto, não entrando na parte ética, como vemos no Decálogo (Ex 20,12-17). Os trabalhos são feitos e a Tenda é erguida no primeiro dia do primeiro mês do segundo ano. Oito dias depois, os sacerdotes entram em ação e a glória do Senhor se manifesta não mais sobre a montanha, mas sim sobre a Tenda. Daí ele estabelece onde cada tribo deverá se posicionar no acampamento, em torno da Tenda, dando destaque para os clãs levitas, que ficariam numa área interna, mais próxima à Tenda, enquanto as tribos "leigas" ficariam do lado de lá de um limite físico demarcado.

A esse conjunto foram sendo acrescentados, com esmero, os detalhes dos objetos sagrados, paramentos e ulteriores instrumentos para embelezar ainda mais o culto, como o altar dos perfumes e a bacia para ablução. Para a Tradição Sacerdotal, é no culto que se realiza, de modo mais sublime, a presença do Senhor no meio de Israel, e sua glória é a razão de ser do próprio povo: Israel existe "para a maior glória de Deus".

Acréscimos sacerdotais

Nos textos sacerdotais, como vimos, não é fácil distinguir o material original dos acréscimos posteriores. Geralmente, os acréscimos são de caráter legislativo. Trata-se de preceitos, na maioria cultuais, quase sempre num estilo impessoal. Tudo é colocado dentro da revelação que Deus fez a Moisés, nos quarenta dias em que ele esteve no topo do monte encoberto pela nuvem, de forma que também esses preceitos são considerados mandamentos de Deus. Essa prática literária de atribuir textos recentes a autoridades antigas, como forma de autenticá-los, é comum na Bíblia. Os preceitos acrescentados podem ser de dois tipos: 1) a instrução aos ministros de como devem celebrar (*da`at*), à semelhança das nossas rubricas cerimoniais, e a instrução ao povo de como devem viver (*torá*), à semelhança das nossas normas disciplinares, por exemplo. O processo como foram sendo reelaborados os textos, até chegar ao estágio em que se encontram atualmente, é um labirinto sem fim. Seguindo Cortese,[13] damos aqui o resumo desse material que foi acrescentado à Obra Sacerdotal (P). Note-se que se trata de acréscimos e reelaborações feitos sempre por mãos de pessoas do círculo sacerdotal. Esses acréscimos são:

- Ex 6,13-30: lista dos descendentes de Rúben, Simeão e Levi;

- 12,43-51: detalhes de como comer a Páscoa;

- 28,3ss.41b-43: introdução à descrição dos paramentos sacerdotais;

- 29: ordens sobre os objetos sagrados;

- 30–31: diversos trechos sobre objetos para o culto;

- 35–40 (exceto Ex 40,17): execução dos trabalhos para a Tenda e o culto;

- Lv 1–7: leis sobre os sacrifícios;

- 8: narrativa sobre a consagração dos sacerdotes (talvez);

---

[13] CORTESE, op. cit., pp. 170-184.

- 10: prescrições cultuais e a narrativa de Nadab e Abiú;
- 11–15: as leis de pureza e impureza;
- 16: ritual da Festa da Expiação;
- 17–26: "Código de Santidade" (o material é antigo, mas foi acrescentado depois);
- 27: leis sobre tarifas e comutação de votos sobre animais;
- Nm 1,48-54; 3,40-51; 4,1-33: prescrições diversas sobre os levitas;
- 5–10: diversos acréscimos, ao menos redacionais, sobre diferentes assuntos: casos de impureza, sacrifício de reparação por danos ao próximo, por suspeita contra a mulher, voto de nazireato, fórmula de bênção sacerdotal, outras ofertas feitas pelos israelitas antes da partida do Sinai, nova descrição do candelabro, mais normas para os levitas, para a celebração da Páscoa "fora da época", considerações sobre a nuvem de fogo que guiará os hebreus, as trombetas para convocar para a guerra e, finalmente, a descrição da marcha;
- 15: mais leis cultuais;
- 16,8-11: investidas de Moisés;
- 17,1-5: revestimento do altar
- 17,16-26: a vara de Aarão que floresce;
- 18: a parte dos sacerdotes e a dos levitas;
- 19: o ritual da novilha vermelha;
- 26,57-65: mais uma genealogia levítica;
- 27,1-11: a herança das mulheres;

- 27,12-23: primeira descrição da substituição de Moisés por Josué;

- 28: calendário das festas;

- 30: leis sobre os votos;

- 31: narrativas a respeito de uma vitória sobre Madiã;

- 32: narrativas sobre a distribuição da Transjordânia;

- 33,1-49: itinerário completo dos hebreus no deserto;

- 34,13-29: normas para os encarregados da distribuição da terra;

- 35: definição das cidades levíticas e modificações na lei da herança das filhas.

Chegada ao limiar de Canaã: três episódios negativos

A "história" de Israel, na visão sacerdotal, está chegando ao fim. Mas não será um final feliz. Na última etapa da caminhada rumo à Terra Prometida, já "quase com os pés nessa terra", os autores reúnem três episódios envolvendo murmurações, revoltas e descrenças tais, que motivarão um castigo. Mas não será um castigo qualquer: nada menos que o impedimento de entrar na terra e tomar posse dela, seja morrendo já ali mesmo, de forma terrível, seja morrendo naturalmente mais tarde, mas antes de entrar na terra. Será a geração seguinte que irá, finalmente, realizar o grande sonho da posse da terra. A exceção ficará para Josué e Caleb, únicos que acreditaram que com Deus seria possível conquistar a terra. Nem mesmo Moisés e Aarão, os grandes líderes, terão essa alegria. Mas a "história" sacerdotal não escreverá esse capítulo.

Ao contrário dos autores deuteronomistas e do Cronista, que abarcaram em seus escritos um arco de tempo que vai do Sinai (ou do começo da monarquia, no caso das Crônicas) até o exílio da Babilônia, os autores sacerdotais param a sua "história" no limiar da Terra Prometida. Segundo os autores sacerdotais, havia imenso desejo do povo de entrar na Terra Prometida, mas o medo do novo, dos obstáculos que deveriam enfrentar, levou-o a murmurar contra Deus. O fato é que, depois de toda a caminhada, de tantas idas e vindas, o povo e seus líderes dão mostras de falta de fé, que os impedirá de tomar posse da terra, deixando para a próxima geração essa grande alegria. Vejamos a seqüência das narrativas:

Primeiro episódio: o povo recusa a Terra Prometida

- A nuvem se eleva sobre a Habitação e os israelitas partem do Sinai; guiados pela nuvem chegam ao deserto de Farã (Nm 10,11s).

- Moisés designa quem vai explorar a terra de Canaã (Nm 13,1-17).

- Os exploradores percorrem a terra em quarenta dias (Nm 13,21.25s).

- Os exploradores elogiam a terra, mas desencorajam a sua conquista, alegando que seus habitantes são mais fortes; o povo recusa a terra (Nm 13,32s; Nm 14,1-3a).

- Faz-se uma assembléia santa, Josué e Caleb encorajam o povo, contando com o favor de Deus, mas quase são apedrejados; então a glória de Deus se manifesta na Tenda (Nm 14,5-7.10).

- Deus repreende o povo pela murmuração e recusa da terra, e anuncia o castigo: essa geração não entrará na terra, com exceção de Josué e Caleb (Nm 14,26-38).

De cada tribo é designado um representante para explorar a terra, menos a tribo de Levi, que "não terá possessão na terra" a ser conquistada. Os exploradores são realistas: as cidades fortificadas de Canaã (cidades-estado) representam um difícil obstáculo. Mas o sistema do Faraó e a sobrevivência no deserto também eram grandes obstáculos e, não obstante, com a ajuda de Deus eles venceram e chegaram até ali. A repreensão de Deus é pelo fato de eles não se lembrarem disso e não acreditarem que Deus poderá fazê-los, sim, possuir aquela terra, vencendo todos os obstáculos. A perda da terra, então, é conseqüência dessa falta de fé na ação libertadora de Deus. Os únicos que demonstraram confiar em Deus foram Josué e Caleb, por isso, só eles dois, dentre toda aquela geração, terão a alegria de entrar na terra, vendo realizar-se a promessa de Deus. Note-se que Deus não revoga sua promessa como tal, mas apenas não a realiza ainda no tempo dessa geração. De qualquer forma, fica para a geração presente uma certeza: nós não chegaremos lá, mas nossos filhos chegarão!

A recusa do povo em entrar na terra, suas desconfianças, seus medos, espelham a situação dos exilados da Babilônia. A punição dos quarenta anos errantes pelo deserto lembra também a situação imposta pelo exílio.

Se aqui no primeiro episódio o povo se recusa a entrar na Terra Prometida, já no segundo o povo apóia a rebelião dos levitas que contestam a exclusividade do sacerdócio aaronita.[14]

Segundo episódio: os levitas se revoltam contra os aaronitas
- Os levitas (do clã de Coré) contestam a exclusividade do exercício do sacerdócio pelos aaronitas, considerando terem também direito a ele; Moisés propõe uma "consulta a Deus" mediante o oferecimento de incenso no dia seguinte (Nm 16,2-7a).

---

[14] Cf. nota na *Bíblia de Jerusalém*, em Nm 16. A narrativa está combinando duas tradições: uma revolta dos levitas contra Aarão e outra dos rubenitas contra Moisés. Consideramos aqui somente a questão dos levitas.

- A assembléia santa se reúne diante da Tenda; os que pleiteavam o direito ao sacerdócio e os sacerdotes aaronitas oferecem incenso, cada um em seu incensório; a glória de Deus se manifesta a todos e a "intenção" de Deus é de destruir toda a comunidade, o que a intercessão de Moisés e Aarão evita; então o castigo dos levitas pretensiosos é anunciado e, logo em seguida, realizado: um fogo vindo de Deus consumiu os homens que ofereciam o incenso (Nm 16,16-24.35).

- O povo considera o castigo de Coré um dano a si mesmo e reclama de Moisés e Aarão; estes vão à Tenda e, mais uma vez, a glória de Deus se manifesta, anunciando o castigo do povo com uma praga mortal que, porém, já está atingindo o povo, de sorte que Aarão tem de correr para o meio do povo com o incensório para fazer sua expiação, conseguindo evitar um dano maior (a praga atingiu 14.700 pessoas!) (Nm 17,6-15).

Se as outras tribos tiveram seus problemas para entrar na terra, agora é a vez da tribo de Levi, detentora do sacerdócio, se rebelar. Trata-se de uma rebelião interna, entre as classes sacerdotais levíticas, motivada pelo inconformismo com a exclusividade do exercício do sacerdócio pelo grupo aaronita.

A "consulta a Deus" por meio do oferecimento do incenso é revestida de um caráter teofânico: o objetivo era saber a quem Deus teria escolhido para o sacerdócio. Nada menos do que a glória de Deus que se manifesta. É a própria presença divina, "materializada", por assim dizer, na nuvem. A resposta de Deus, porém, é trágica: manda Moisés e Aarão, e sua família (e depois da intercessão deles, o povo), se afastarem de Coré, para que o castigo daqueles não respingue neles. São, então, consumidos pelo fogo, assim como, no dilúvio, a água destruiu todos os pecadores. Diante da reclamação do povo pelo alcance desse castigo, acusando Moisés e Aarão de estarem "acabando com Israel", a situação piorou, pois agora uma praga mortífera passa a devastar o povo. Será necessário, além da intercessão de Moisés e Aarão, um rito de expiação, feito por Aarão, mediante o oferecimento de incenso entre o povo. Essa intervenção de Aarão confirma a sua escolha para o sacerdócio em detrimento dos demais levitas.

O episódio tem um alcance muito mais amplo: revela a situação do sacerdócio no período exílico e pós-exílico, em que os sacerdotes de Jerusalém (de origem sadoquita, como já vimos), mas que se consideravam legítimos descendentes de Aarão, tomaram o poder religioso (e depois político), relegando a um plano inferior os demais sacerdotes da linhagem propriamente levítica.

Terceiro episódio: os líderes também caem na descrença

O povo e os levitas já haviam recebido a "paga" pela sua rebelião e agora o próprio Moisés e Aarão caem na descrença em Deus e são impedidos de entrar na Terra Prometida.

- O povo só sabe reclamar: não pode semear, não encontra frutas nativas para comer e não acha água; Moisés e Aarão oram na Tenda e Deus se manifesta, ordenando a Moisés que golpeie um rochedo com a vara, para fazer brotar água (Nm 20,1-8).

- Moisés e Aarão reúnem o povo diante do rochedo, mas não acreditam que sairia água daquela pedra; mas Moisés golpeia duas vezes a rocha e a água sai em abundância (20,9-11).

- Deus anuncia a Moisés e Aarão o castigo pela falta de fé deles em sua palavra: não entrarão na Terra Prometida (20,12).

- O castigo se realiza para Aarão: passa para seu filho Eleazar a chefia dos sacerdotes e morre na montanha de Hor (20,22-29).

- O povo chega às estepes de Moab (22,1b).

- Deus ordena o segundo recenseamento e dá normas sobre a distribuição da terra (26,1-56).

- Deus anuncia a morte de Moisés, como cumprimento do castigo pela sua descrença, depois de contemplar, de longe, a Terra Prometida; Josué será seu sucessor na liderança da nova geração de israelitas que entrará na terra (Nm 27,12-23, que é, porém, um acréscimo posterior; comparar com Dt 32,48-52).

- Deus reitera ao grupo que vai entrar em Canaã, que ele está dando essa terra aos israelitas; instrui quanto à expulsão dos habitantes e à eliminação de todos os seus ídolos, e faz a descrição dos limites geográficos da terra a ser conquistada (33,50-34,12).

- A morte de Moisés, depois de olhar a terra, do monte Nebo (Dt 34,1aα.7-9).

Passados os quarenta anos preditos no anúncio do castigo da geração que saiu do Egito, a nova geração está quase pronta para entrar na terra. Mas agora quem demonstra descrença, estranhamente, são Moisés e Aarão, os dois líderes. O motivo é a desilusão dos dois quanto ao exercício de suas funções de liderança, quanto às suas capacidades, mas com um fundo religioso, pois até então eles sempre tinham sido instrumentos indefectíveis da ação divina em relação ao povo.

O episódio começa com a reclamação do povo pelas péssimas condições em que se encontra: consideram o lugar "terrível": não permite semeadura nem sequer tem frutas nativas, mas o pior de tudo é que não há água. As outras tradições de narrativas colocam esse episódio no início da caminhada,[15] enquanto a Tradição Sacerdotal o desloca justamente para esse momento, no fim da vida de ambos os líderes, talvez para explicar, de forma

---

[15] Ex 17,1-17.

simples, porque eles não entraram na Terra Prometida, apesar de terem feito tanto por ela e terem sido tão fiéis a Deus.

Moisés contempla, do monte Nebo, a terra que foi o objeto de todas as suas lutas e esperanças, mas onde ele não poderá pisar. Morre logo depois. Com esse olhar silencioso sobre a terra, se conclui a história sacerdotal do povo de Israel. Nesse olhar nostálgico de Moisés estava a saudade do nosso autor e de todos os exilados, que sonhavam com Jerusalém e a terra, mas que morreriam na Babilônia.

Resumo da "história" de Israel segundo a Tradição Sacerdotal

Depois da criação, a Tradição Sacerdotal passa imediatamente ao dilúvio, que se conclui com uma perspectiva serena para toda a humanidade. A terra não voltará a ser destruída. Essa é a pré-história de Israel. Entra na história Abraão, um "sem-terra" a quem Deus se manifesta, prometendo uma descendência numerosa e a posse de uma terra. Este deverá circuncidar-se, como sinal do pacto com Deus, a Aliança. Abraão vê uma ligeira realização das promessas no nascimento de Isaac, em circunstâncias que tornavam isso humanamente impossível, e na aquisição de um terreno para a sepultura de Sara, sua mulher, em Canaã, onde depois ele, seu filho Isaac e seu neto Jacó também serão sepultados. Mas a posse mesma da terra ainda levará muitos anos, séculos até.

Jacó, neto de Abraão, segundo a tradição bíblica, é o homem abençoado; torna-se rico e poderoso junto a Labão, seu tio materno que se torna também seu sogro. Com suas mulheres e os doze filhos, cabeças das futuras tribos de Israel, entra solenemente na terra de Canaã, onde Deus confirma as promessas. Depois de uma simbólica tomada de posse de Canaã, estabeleceu-se no Egito, mediante seu filho José, que seus irmãos haviam vendido como escravo a mercadores, mas que se dera bem na corte do Faraó. Aí se inicia a "história" do povo de

Israel, propriamente dita, que para os autores sacerdotais tem na conquista da terra o seu ponto máximo.

Os descendentes de Jacó-Israel se multiplicam no Egito, mas são escravizados pelo Faraó. Moisés recebe a missão de conduzir os israelitas para fora do Egito, libertando-os da opressão, de organizá-los a partir das Leis de Deus emanadas no Sinai e de conduzi-lo à Terra Prometida. Após um breve confronto com o Faraó, que se opõe ao projeto de Deus, apesar dos "sinais prodigiosos" das pragas, os israelitas saem do Egito. Passam miraculosamente pelo mar dos Juncos e começam a marcha pelo deserto, sustentados pelo maná.

No Sinai, a glória de Deus se manifesta plenamente sobre eles. Aí eles se organizam em torno da Tenda da Reunião, a "Habitação", na qual se concretiza o encontro perene de Deus com o seu povo, quando a sua glória se manifesta na Tenda, e recebem de Deus as instruções quanto ao culto que lhe devem prestar.

Continuando sua marcha, quando tudo está pronto para se entrar na tão sonhada terra, o povo, descrente da força de sua fé, se recusa a entrar, desencorajado pelos exploradores que traçam um quadro desanimador. Josué e Caleb tentam encorajá-los em vão. Só a geração seguinte, sob a liderança de Josué, é que entrará na terra, quarenta anos depois. Nesse ínterim, há revoltas também entre os sacerdotes: os rebeldes são devorados pelo fogo, no deserto. Os próprios líderes supremos, Moisés e Aarão, não entrarão na terra: o primeiro morre na montanha de Hor, e o segundo, mesmo cumprindo até o fim sua missão, pôde só avistar os limites da terra de Canaã. Antes de morrer, contempla a meta almejada.

Daí entraram as lutas de conquista da terra, a partilha dos territórios e a decisão do povo de "servir só ao Senhor". O material daqui para a frente, porém, é deuteronomista. A mão sacerdotal continuou dando retoques no restante do material do Pentateuco, principalmente na parte legislativa.

IV
Elementos teológicos da Obra Sacerdotal

Quando apresentamos os textos da Obra Sacerdotal (cap. III), já fizemos um comentário da teologia presente em alguns deles, sobretudo, na ótica da oblatividade. Neste capítulo, porém, iremos apurar de forma mais objetiva os principais elementos da teologia sacerdotal, de forma a constituir um pequeno conjunto de temas essenciais, para identificarmos a presença dessa teologia nos diversos textos das Escrituras, seja judaicas, seja cristãs.

O dom da terra

Alguns estudiosos modernos pensam que o elemento central da teologia sacerdotal seja a questão da Terra Prometida, como fim último da esperança de Israel, e que este deixou escapar de suas mãos por causa da rebeldia contra Deus. Essa idéia teria guiado o grupo sacerdotal na elaboração da "história" de Israel.

A terra é o principal dom de Deus aos "sem-terra", o povo de Israel. Ela lhes é dada, como várias vezes se repete nos textos bíblicos. O oferecimento da terra por Deus, a Israel, é a fonte espiritual que motiva a caminhada do povo. Ele já vem esboçado no poema da criação, onde toda a obra de Deus, inclusive a terra e seus produtos, é "dada" ao homem e mulher criados à imagem de Deus, reiterado na aliança após o dilúvio e plenamente expresso na aliança com os Pais e Mães do Povo, desde Abraão e Sara. É a evocação do cumprimento dessa promessa que motiva os israelitas a saírem com Moisés do Egito e a enfrentarem as agruras do deserto.

O dom da terra só se concretizará no tempo de Josué, que sucederá a Moisés, mas a "história" sacerdotal não chega até aí, parando no limiar de Canaã, de onde Moisés apenas contempla o que para ele, e para todas as gerações de israelitas até ali, fora apenas um sonho perseguido a duras penas: a terra de Canaã.

Nesse contexto entendemos a gravidade da recusa do povo à terra oferecida por Deus, que na visão sacerdotal implicará o castigo, igualmente pesado, de não entrar nela. A recusa ao dom de Deus é a pior atitude que se pode esperar de quem está sendo por ele agraciado. É o fechamento ao diálogo oblativo e oferente, o fechamento à graça.

O dom da Aliança

Se a terra é o dom maior de Deus a Israel, na visão sacerdotal, o enfoque de sua teologia naturalmente vai para a Aliança com Abraão, cujo objeto é a Terra Prometida; ao contrário da aliança no Sinai, que na Obra Deuteronomista acentua o aspecto da mútua responsabilidade entre Deus e Israel, sobretudo no campo da ética, em que cada um tem de fazer a sua parte para que o outro faça a dele, gerando a teologia da retribuição. Nesse sentido, a teologia sacerdotal acentua a oblatividade da aliança: parte da oferta gratuita de Deus. A única exigência de Deus a Abraão é a circuncisão. Nada de leis a serem obedecidas, nem ritos a serem realizados (Gn 17).

Na criação não se fala ainda de aliança, mas tudo o que Deus criou é dado aos seres humanos, para que a vida cresça e se multiplique. É, de certo modo, uma aliança com a vida. Já após o dilúvio, que é uma espécie de novo começo para a criação, Deus toma a iniciativa de fazer, unilateralmente, uma aliança com toda a humanidade e com toda a natureza. Depois ele realiza, mais particularmente, a aliança com Abraão e Sara, em torno do tema da descendência e da posse de uma terra, aliança que se vai realizando, progressivamente, na história sucessiva.

Essa visão da Aliança na teologia sacerdotal se aproxima da teologia da graça, na medida em que acentua o dom de Deus, a oferta que ele faz por pura benevolência e não por mérito da pessoa ou do povo.

O culto sacrifical é a resposta ao dom de Deus

A preocupação com o culto é uma constante na Obra Sacerdotal e é tema principal dos textos acrescentados à tradição original, na estadia do povo aos pés do Sinai, como vimos. Mas o seu interesse maior não é por uma perfeita execução dos rituais, e sim a busca de uma melhor união com Deus. O esmero nas celebrações demonstra gosto pelas coisas de Deus. Ora, o culto se centra na oblação e esta se exprime por meio dos sacrifícios. Daí a preocupação com os sacrifícios. Mas a necessidade de se oferecer sacrifícios a Deus se fundamenta na oblatividade: eles são a resposta de Israel ao Deus que tudo lhe dá, ao Deus oferente.

Uma vez de posse da terra que Deus lhe deu, o povo lhe oferece seus dons, as primícias da terra, em sacrifício de agradecimento e reconhecimento, como lemos em Lv 23,10-11a: "Quando tiverdes entrado na terra que vos dou e fizerdes nela a ceifa, trareis ao sacerdote o primeiro feixe de vossa ceifa. Ele o oferecerá diante do Senhor, com gesto de apresentação, para que sejais aceitos".[1]

---

[1] Comparar com Dt 26,1-11.

O culto israelita também estava vinculado à questão da terra: os sacrifícios oferecidos são frutos da terra, por meio dos quais o israelita agradece e reverencia a Deus, pela grande bondade que dispensa a seu povo. Já vimos como os profetas quiseram resgatar essa dimensão oblativa dos sacrifícios, condenando o culto vazio, ritualista.

O culto ao Deus santo exige pureza

A busca de uma melhor união com Deus, o Santo, exige do povo de Israel o constante cuidado para garantir as condições de santidade que o torna apto ao culto. Daí a preocupação com a pureza e a necessidade de libertar-se do pecado, considerado uma impureza que impede o ser humano de aproximar-se de Deus. Na teologia sacerdotal, o pecado é compreendido ainda numa linha muito objetiva, concreta, sem a atenção ao aspecto subjetivo, à atitude interior das pessoas. Não se fala muito da impureza subjetiva, interior. Por isso, muitas vezes, eliminar o pecado é eliminar o pecador.

No caso de Israel, entretanto, para não ir eliminando todos, faz-se necessária a purificação, o perdão dos pecados. Para as impurezas ou faltas de menor gravidade são previstos ritos e sacrifícios de purificação mais ou menos simples, de acordo com o grau de comprometimento que tais atos possam acarretar. Veja-se o caso da purificação da mulher após o parto (Lv 12). Para as impurezas ou faltas de maior gravidade, os ritos são revestidos de maior complexidade e solenidade. Veja-se o rito do *Yom Kippur* (Lv 16).

A purificação pelos sacrifícios de expiação

O sacrifício de expiação manifesta o pedido de perdão a Deus pelos pecados. Ora, na teologia sacerdotal, o perdão de Deus pode vir a partir de um sacrifício de expiação ou rito de purificação, como os exemplos citados no item anterior; toda a legislação sobre os ritos de purificação e expiação são bem ilustrativas, mas, em outras tradições, muitas vezes, Deus oferece o perdão sem que tenha sido executado qualquer rito sacrifical, bastando para isso o arrependimento do pecador. Isaías, Oséias, Jeremias e Ezequiel vão mais longe ainda: falam de um Deus que perdoa o seu povo antes mesmo que este manifeste seu arrependimento ou lhe peça perdão! Como ver, então, a oblatividade no sacrifício expiatório? Ela é possível somente quando o oferente, sabendo-se pecador, e sabendo que Deus é misericordioso, antecipa sua ação de graças a Deus, confiando no perdão. Assim, o sacrifício de expiação se confunde com o de ação de graças, e o louvor se traduz no arrependimento, na contrição. O melhor exemplo disso está no salmo 51,18-21:

> Pois tu não queres um sacrifício
> e um holocausto não te agrada.
> Sacrifício a Deus é um espírito contrito,
> coração contrito e esmagado, ó Deus, tu não desprezas.
> Faze o bem a Sião, por teu favor,
> reconstrói as muralhas de Jerusalém.
> Então te agradarás dos sacrifícios de justiça
> – holocaustos e ofertas totais –
> e em teu altar se ofertarão novilhos.

Neste salmo pede-se o perdão de Deus primeiro, como "favor". A reconstrução dos muros de Jerusalém, no período imediatamente após o exílio da Babilônia, era esperada como sinal do perdão divino.[2] Ao perdão dado é que seguem os sacrifícios, não "pelo pecado" e sim "de justiça", porque com

---

[2] Cf. nota na *Bíblia de Jerusalém* no Sl 51,20.

eles se reconhece que Deus é justo em seus julgamentos e, ao mesmo tempo, porque são oferecidos por mãos justas, pois este foi perdoado antes do sacrifício.

As festas, com seus ritos, celebram os dons de Deus

O sábado, a circuncisão, a Páscoa (unida aos Ázimos), o "primeiro feixe" (equivalente das Primícias)[3] e o Dia da Expiação são as instituições mais importantes na vida cultual de Israel e para a teologia sacerdotal, embora haja outras festas instituídas, como a Festa das Semanas, o primeiro dia do Sétimo Mês e a Festa das Tendas. O sábado aparece no poema da criação e é, de certa forma, expressão da aliança da vida; a circuncisão aparece na promessa a Abraão e é expressão da aliança da descendência e da terra; a Páscoa aparece na saída do Egito e é expressão da aliança da libertação; o "primeiro feixe" aparece no contexto da tomada de posse da terra, fim último da esperança de Israel, e é, portanto, expressão da gratidão a Deus por tudo isso.

Em todas essas alianças a iniciativa é de Deus, que se apresenta sempre como aquele que oferece, que dá: dá a vida, dá a descendência e a terra, dá a liberdade, dá os frutos da terra, para a alegria de seu povo. As Festas das Semanas, do primeiro dia do Sétimo Mês e das Tendas estão relacionadas a algumas daquelas mais importantes, reforçando-as de certo modo: a das Semanas se liga à do "primeiro feixe" porque encerra o ciclo das colheitas e continua ligada aos produtos da terra; a do primeiro dia do Sétimo Mês e a das Tendas, que também cai no sétimo mês e durava sete dias, se ligam ao sábado. De fato, no primeiro dia do sétimo mês, mesmo não sendo o sétimo dia da

---

[3] Cf. nota na *Bíblia de Jerusalém* em Lv 23,9.

semana, o povo deve descansar (*shabbat*), como no sétimo dia. O mesmo vale para o primeiro dia da Festa das Tendas. Mas esta se liga, de certo modo, também à Páscoa, pois lembra a caminhada do povo pelo deserto, após a saída do Egito, quando o povo habitava em tendas.

Caso diferente é o do Dia da Expiação. Ele aparece, provavelmente, no exílio da Babilônia, que na teologia sacerdotal é a "purificação" do povo pelas suas infidelidades a Deus. O Dia da Expiação era o décimo dia do sétimo mês (cf. Lv 16,29b-31).

No exílio, onde os ritos públicos judaicos não podiam ser realizados, a observância de algumas dessas instituições que podiam ser celebradas em ritos familiares, como o sábado, a circuncisão e a Páscoa, garantiam a identidade de Israel, como povo do Senhor.

O valor do santuário e dos ritos

Os ritos só adquirem importância bem depois das narrativas dos Pais e Mães do Povo, quando, aos pés do Sinai, na caminhada para a terra, a Tenda é levantada. Aí, sim, a Obra Sacerdotal se detém longamente na descrição dos rituais. A minuciosidade com que trata das medidas e materiais para a construção da Tenda, dos paramentos e dos objetos litúrgicos (Ex 25–28) revela a importância de que ela se reveste para a Tradição Sacerdotal. Na medida em que ficam mais próximos do Santo dos Santos, recinto mais sagrado da Tenda, onde fica a Arca da Aliança, os objetos são feitos de materiais sempre mais preciosos e de forma mais requintada. A Tenda é chamada de "Habitação", pois nela se manifesta a presença divina, não simplesmente como quem "aparece" de vez em quando, mas sim como quem habita no meio do povo, já que está, literalmente, no centro do acampamento. A presença de Deus é descrita sempre com a expressão "a glória do Senhor se manifestou" e quase sempre é todo o povo que a "vê". Manifestações particulares da "glória" só acontecem para Moisés e Aarão. Todas as manifestações se dão dentro da Tenda.

Em torno da Tenda, cada tribo tem seu lugar demarcado, dando a idéia de organização e hierarquia, como num exército acampado. Naturalmente os que ficam mais próximos à Tenda são as famílias sacerdotais, no caso, a tribo de Levi. Entre as tribos leigas, a de Judá é a que fica mais perto do centro. Podemos entrever que essa maneira de descrever a disposição das tribos em torno da Tenda é uma transposição da situação geográfica das tribos, da época tribal para a época da caminhada pelo deserto, quando o povo era nômade.

No exílio da Babilônia, os israelitas não tinham mais o Templo e por isso não podiam mais praticar o culto, baseado nos sacrifícios. A imagem da Tenda, a Habitação de Deus, que acompanha o povo em suas andanças pelo deserto traz aos exilados a compreensão de que Deus caminha com eles, pois não ficou preso ao Templo de Jerusalém. Porém, o sonho de voltar à terra começa exatamente com a perspectiva de restaurar o Templo e o culto, antes mesmo da cidade. Por isso Ezequiel, que era sacerdote, fala de um novo Templo e da restauração do culto, dos sacrifícios e do sacerdócio como símbolos do tempo futuro.

O valor das leis

Na Obra Sacerdotal, quase que a cada pequeno episódio, os autores sacerdotais acrescentaram uma legislação a respeito, algumas curtas, outras muito extensas e com variedades de assuntos. O gosto dos sacerdotes pelas leis, normas, regras, preceitos etc. se explica por três motivos básicos: primeiro, eles tinham a função de julgar (cf. item "Julgar delitos e conflitos", no cap. II), o que os fez especialistas na jurisprudência, conhecedores das diversas situações que exigiam o estabelecimento de regras precisas. Segundo, o crescente desejo de pureza exigia o estabelecimento de novas regras e os respectivos ritos de purificação. Terceiro, novas situações exigiam novas regras ou a atualização de regras antigas.

O dom da bênção

As bênçãos são mais numerosas nas narrativas sobre Jacó, mas já aparecem na "história" da humanidade, desde o primeiro texto, o poema da criação, na história dos Pais e Mães de Israel e uma vez nas narrativas do Sinai, esta última como uma fórmula de bênção a ser usada pelos sacerdotes, inserida na grande legislação mosaica do Sinai.

As primeiras bênçãos é Deus quem dá: para os seres aquáticos e alados (Gn 1,22), para os seres humanos (1,28 repetida em 5,2) e para o sétimo dia (2,3), na criação, e para Noé e seus filhos, após o dilúvio, retomando as palavras da criação (Gn 9,1). A partir daí quem vai abençoar será o pai de família ou um sacerdote, mas sempre supondo que é Deus quem abençoa por meio deles. No período dos Pais e Mães do Povo, como já vimos, as bênçãos são praticadas pelos Pais, pois ainda não havia sacerdotes próprios. Elas têm uma eficácia que "passa" para a descendência, de modo que não se esgota na própria pessoa abençoada. O contrário da bênção, a maldição, tem também a mesma eficácia, como vimos.

A bênção exprime de modo inequívoco a atitude oblativa de Deus e de quem abençoa, pois ela é sempre "dada", oferecida e nunca comprada ou trocada; às vezes nem mesmo é pedida, embora interiormente seja esperada. É sinal de bondade, gratuidade, interesse e cuidado. É um dom.

A gradual revelação divina

Na teologia sacerdotal, Deus se revela inicialmente de modo velado, sendo reconhecido como "El Shaddai" no tempo dos Pais, e depois se apresenta de modo sóbrio a Moisés, como o Senhor *YHWH*, no Egito e não no Sinai. Mas só quando o povo, liberto do Egito, está acampado aos pés do Sinai, é que se manifesta para todo ele a glória do Senhor, e passa a se manifestar sempre que necessário na Tenda da Reunião, quase sempre para o povo todo. No entanto, Deus nunca fala diretamente ao povo e sim a Moisés ou a Aarão, e a este último poucas vezes, pois mesmo quando quer comunicar algo a Aarão é a Moisés que Deus fala, devendo ele transmitir aos destinatários as palavras divinas. A esse movimento de construção da imagem divina se opõe o crescente desmoronamento na fé, primeiro por parte do povo, depois pelos sacerdotes e por fim pelos próprios líderes. Mas isso não chega a atrapalhar os planos de Deus.

A chave de interpretação é o exílio na Babilônia

Ao longo deste estudo, fizemos referências à estreita ligação entre certas passagens e a situação do exílio. Podemos agora concluir com esta idéia: o exílio da Babilônia é a lente dos óculos com que os autores sacerdotais relêem a "história" de Israel. Ele representou não apenas a perda da terra como elemento físico, como espaço geográfico, mas, muito mais, a perda do referencial da vida e da fé do povo, a inversão de toda a caminhada. O exílio "virou tudo de cabeça para baixo". Eles perderam o sentido da vida e buscavam uma explicação, uma razão, algo que pudesse devolver-lhes o rumo. Os sacerdotes, também exilados, vão buscar na promessa da terra, feita por Deus, a base para devolver ao povo a esperança de que as coisas podem voltar ao seu lugar.

Então, quando se fala dos Pais e Mães do Povo que não conseguem fixar-se na terra e tomar posse dela, espelham-se neles os exilados que estão pelas nações. Quando se apresenta a tensão diante dela, manifestada no êxodo e na caminhada pelo deserto, se espelha a situação dos exilados que, só com muito custo, ainda podem acreditar que um dia chegarão à tão sonhada terra do repouso. Na passagem do mar dos Juncos (Ex 14), surgem a iniciativa e a gratuidade de Deus, sua ação libertadora em favor de um povo que, literalmente, estava encurralado entre o mar e o exército de Faraó. E o povo no exílio? Como se sentiria diante dessa narrativa?

Quando se toca na recusa em entrar nela e no desamor por ela, manifestado pelo povo, já às portas de Canaã, se toca na ferida do coração dos exilados, que reconhecem não terem feito caso do maior dom de Deus na sua vida: a sua terra, e por isso estavam ali, impedidos de entrar nela e usufruir de suas delícias. Quando "o filme" termina com o último suspiro de Moisés, olhando de longe para ela, depois de ter lutado tanto por ela, sem poder nela pôr seus pés, reúnem-se nesse olhar nostálgico, mas com um brilho de esperança – pois a próxima geração vai chegar lá! –, os ressentimentos e os anseios da geração que morrerá no exílio, antes que o povo volte para a terra, a sua terra, a terra que Deus lhe deu como possessão para sempre.

V

A tradição sacerdotal na releitura cristã das Escrituras

A Obra Sacerdotal, enquanto produção literária, seja redacional, seja somente editorial, se restringe ao Pentateuco, mas a visão teológica e a espiritualidade oblativa que afluem desses textos estão presentes, também em outros livros das Escrituras judaicas (Primeiro Testamento), ora explícita ora implicitamente, como nos profetas, nos salmos etc. Estão presentes também, nas Escrituras cristãs (Segundo Testamento), pois, com base nas Escrituras judaicas, os primeiros escritores cristãos – a maioria deles de origem e de cultura judaica – buscaram interpretar os acontecimentos em torno da pessoa, das palavras e da prática de vida de Jesus de Nazaré, acolhido como Messias, Filho de Deus, crendo que ele realiza toda a esperança do Povo de Israel e da humanidade. Elas são a fonte inesgotável onde também os cristãos, desde os inícios até hoje, buscaram e buscam o sentido para a sua caminhada de fé. Nessa busca, também sua tradição escrita bebe na fonte das Primeiras Escrituras e encontra nelas o alimento que reforça e confirma sua fé na pessoa de Jesus Cristo.

Como o rio Negro e o Solimões se encontram para formar um único grande rio, o Amazonas, mas suas águas percorrem vários quilômetros juntas antes de se misturarem, assim as imponentes águas da tradição judaica, que vêm de longe carregadas de riquezas e de forças vitais, se uniram às águas da tradição cristã, recém-nascidas, mas carregadas do ímpeto da novidade cristã e coloridas com a diversidade dos povos e suas culturas, acolhidos em seu amplo curso que brota da cruz. Assim, podemos ver claramente, em alguns escritos cristãos, a presença vitalizadora da tradição judaica, do ambiente em que nasceu o cristianismo e das Escrituras que formam o tesouro mais precioso dessa tradição, ao mesmo tempo em que distinguimos os elementos genuinamente cristãos. Encontramos, então, elementos da teologia sacerdotal também nesses escritos, ou seja, no "Segundo Testamento". Neste capítulo tomaremos aqueles em que a teologia sacerdotal, na ótica da oblatividade, marca maior da teologia sacerdotal, estão mais nitidamente presentes.

Mas os textos cristãos que assumiram mais explicitamente elementos da teologia sacerdotal não apenas os repetiram e sim os transformaram, dando-lhes novos significados. Antes de analisar alguns deles, porém, vamos conhecer a situação dos sacerdotes no primeiro século da nossa era.

Situação do sacerdócio israelita no século I da era comum

O que se sabe a respeito dos sacerdotes israelitas no século I também nos veio pelos escritos cristãos. No entanto, este dá um forte tom polêmico às informações sobre os sacerdotes no Segundo Testamento, onde quase sempre são hostis aos cristãos. Sabemos que a oposição entre cristãos e judeus do grupo dos fariseus foi mais intensa na segunda metade daquele século, culminando na excomunhão dos cristãos das sinagogas, nos anos 70 E.C. É a época em que foram escritos os evangelhos e, por isso, neles a hostilidade foi transposta para o tempo de Jesus, nos anos 30 E.C. Mas não foi sempre assim, pois provavelmente também a hostilidade dos sacerdotes a Jesus tenha sido "sobrecarregada".

O "baixo clero" e a elite sacerdotal

Zacarias, pai de João Batista (Lc 1,5-10), da classe de Abias (1Cr 24,10), é um exemplo de que, também no meio sacerdotal, se encontravam aqueles que tinham o coração voltado para Deus com sinceridade e humildade, a quem Deus chama para colaborar com seu plano de salvação. Mas Zacarias, que mora no interior, é um modelo do que hoje chamaríamos de "baixo clero".

A elite sacerdotal era formada pela família do sumo sacerdote e pelos "chefes dos sacerdotes", os que comandavam as diversas "classes" ou turnos sacerdotais, segundo a divisão das funções exercidas no Templo. Esses moravam em Jerusalém. Nessa época, estavam fortemente atrelados ao poder político romano e tinham uma considerável situação econômica, fruto do acúmulo por meio do sistema de "trocas" dos produtos para os sacrifícios. Por "troca", aqui se entende a compra e venda dos produtos, conforme previsto em Dt 14,24-26.

O sumo sacerdote

O cargo de sumo sacerdote continuou sendo reconhecido pela autoridade romana, embora somente nas questões especificamente religiosas, reservando-se ao poder imperial (Roma) os assuntos diretamente políticos, econômicos e militares (inclusive a pena de morte, como a crucificação). Na época de Jesus, o cargo de sumo sacerdote encontra-se em uma situação bastante incomum, na história israelita: a existência de dois sumo sacerdotes, Anás e Caifás. Na verdade, o sumo sacerdote em exercício (do ano 18 ao ano 36 E.C.) era Caifás, mas Anás, seu sogro, que fora sumo sacerdote entre 6 e 15 E.C., mesmo deixando o cargo, continuou influente e até mesmo mais considerado, devido à importância que tinha.[1]

---

[1] Cf. At 4,6; Jo 18,13.24 e Lc 3,2 com a respectiva nota na *Bíblia de Jerusalém*.

Os saduceus

O nome dos saduceus,[2] grupo religioso que aparece em vários escritos cristãos, sobretudo nos evangelhos, é derivado de Sadoc, sacerdote estabelecido por Salomão, para chefiar o Templo de Jerusalém. No entanto, não se pode afirmar que no século I fosse um grupo composto de sacerdotes em exercício, embora nada impeça que houvesse sacerdotes entre eles. Era um partido nacional-liberal da alta elite. Eram nacionalistas extremados. Desapareceram depois da destruição do Templo, em 70 E.C.

A doutrina dos saduceus é exposta em At 23,8: "Os saduceus, com efeito, dizem que não há ressurreição, nem anjos, nem espíritos". O historiador judeu, Flávio Josefo (século I E.C.) afirma, sobre os saduceus, que "eles negam também a sobrevivência das almas, como ainda os castigos e as recompensas no Hades" (*Bellum* 2, 8, 14). Ou seja, eles acreditavam que "aqui se fez, aqui se paga", seguindo a doutrina da Retribuição nesta vida, pois para eles não existe outra vida.

A negação da ressurreição pelos saduceus aparece também na tradição dos Evangelhos (Mc 12,18-27).[3] Jesus combate o argumento deles mostrando-lhes que Deus é Deus de vivos, não de mortos, ou seja, para Deus, todos vivem. É por isso que ele continuava a ser chamado, na Bíblia, de "Deus de Abraão, de Isaac e de Jacó".

Mais do que os outros grupos judeus, eles negavam, com convicção, qualquer tipo de predestinação das ações humanas. Para eles, o homem age com plena liberdade e é, por isso, ple-

---

[2] Veja: SCHUBERT, Kurt. *Os partidos religiosos hebraicos da época neotestamentária.* São Paulo, Paulus, 1979. pp. 52-55.

[3] Paralelos: Mt 22,23-33 e Lc 20,27-40.

namente responsável por suas ações, não podendo atribuí-las nem a anjos nem a demônios.

Por serem da elite não esperavam mudanças. O Messias viria tão-somente para confirmar a situação, mantendo os privilegiados na posição em que estavam. Quem sabe seria do círculo sacerdotal? Mas por serem nacionalistas, a presença dos romanos lhes incomodava. O Messias deveria restabelecer o Reino de Deus, fazendo Israel voltar a ser um país autônomo. Um rei-sacerdote, proveniente do grupo saduceu, viria bem nesta situação!

Desaparecimento da classe sacerdotal israelita

Levantamos uma hipótese de que os sacerdotes judeus perderam sua função social e autoridade com a destruição do segundo Templo de Jerusalém, em 70 E.C., pois, a partir daí, o judaísmo se organizou em torno do rabinato, nas Sinagogas, onde o eixo já não era a oferenda dos sacrifícios, mas a leitura, estudo e interpretação da Torá e orações da comunidade. O estreito grupo sacerdotal que detinha o poder religioso e uma grande influência no poder político desapareceu do cenário judaico, sem deixar nenhum legado escrito para as gerações futuras.

Elementos da teologia sacerdotal nas Escrituras cristãs

O sentido espiritual do sacrifício: sinal de comunhão no amor

Em sua Carta aos Filipenses (4,10-20), Paulo lhes agradece os recursos enviados para lhe suprir as necessidades, vendo nisso um testemunho de comunhão deles, não só com sua pessoa mas também com seu trabalho: "Fizestes bem em participar da minha aflição" (v. 14; cf. também 1,5.29). O carinho particular de Paulo por essa comunidade (cf. 1,7-8) lhe permitiu aceitar, desde o início, seus auxílios financeiros, coisa que ele fez questão de renunciar em outros lugares (v. 15).[4] Os auxílios recebidos foram tão abundantes que sobrepujaram o necessário. Paulo qualifica todos esses gestos de comunhão e, especialmente, a doação recebida por meio de Epafrodito, como "perfume de suave odor, *sacrifício* aceito e agradável a Deus" (4,18). Essa dimensão oblativa da oferta dos cristãos de Filipos é explicitamente chamada de "sacrifício", retomando o rico sentido cultual desse conceito na teologia sacerdotal. Ele é retomado na liturgia cristã, no convite dirigido do presidente à assembléia no momento de apresentar a Deus os dons do pão e do vinho: "Orai, irmãos, para que este sacrifício seja agradável a Deus, Pai Todo-Poderoso" (Oração sobre as oferendas).

A seguir, o texto de Filipenses revela que o diálogo oblativo acontece: a origem dos auxílios é a providência divina, fonte de todas as dádivas: "Deus proverá magnificamente todas as vossas necessidades, segundo sua riqueza, em Cristo Jesus" (4,19). Trata-se do diálogo oblativo que envolve quem é presenteado com imensos dons e, por isso, sabe também presentear, dar, oferecer, sacrificar. Também Rm 15,26-29 vê a coleta organizada na Macedônia e na Acaia, em favor dos irmãos de Jerusalém que estavam na penúria, como sinal de gratidão pelos bens espirituais outrora recebidos. Podemos concluir que, na visão cristã, sacrifício é sinal de comunhão no amor.

A morte de Cristo como sacrifício oblativo

A Carta de Paulo aos Gálatas, escrita entre 57 e 58 E.C., parece ser o primeiro escrito cristão a explicitar a idéia da morte

---

[4] Também em 1Cor 9,15-18.

de Cristo como sua entrega por amor, quando Paulo diz: "Minha vida presente na carne, eu a vivo pela fé no Filho de Deus, que me amou e se entregou a si mesmo por mim" (Gl 2,20). O termo "entrega" enfatiza a doação de Cristo na cruz, a doação de sua vida. Ele se oferece, se dá. Nesse sentido, Cristo não é simplesmente uma "vítima" e a cruz não é um mero "incidente de percurso". Para a teologia paulina expressa nesta frase em Gálatas, com a morte de Cristo na cruz não se fala de "vítima", mas sim de uma decisão, uma opção que Cristo faz por amor e não porque ele estivesse diante de algo inevitável, uma fatalidade. Então se fala de "entrega" e ainda não de "sacrifício". Ora, a entrega está muito próxima da oferta, sendo, às vezes, sinônimo desta. Assim, não deve ter sido difícil revestir o conceito de "entrega" com o sentido cultual da "oferta", criando-se assim o "ambiente cultual" propício para se traduzir a morte de Cristo como sacrifício.

Para esse "ambiente cultual", terão contribuído os demais escritos de Paulo, como a Carta aos Romanos, talvez escrita logo depois de Gálatas, onde ele já aplica à morte de Cristo o sentido espiritual da expiação dos pecados mediante seu próprio sangue, à semelhança do ritual judaico de aspersão do propiciatório com o sangue de um novilho, no Dia da Expiação.[5] Porém, Paulo não trabalha com o conceito de "expiação" e sim com o de "redenção", que é o resgate dos endividados, dos escravizados, dos prisioneiros ou dos condenados à morte, pagando-se o preço por eles (Rm 3,24-26).[6]

Parece que o passo decisivo foi dado pela Carta aos Efésios, que foi escrita depois de Gálatas e Romanos. Vimos que Fl 4,18 qualifica como "perfume de suave odor e sacrifício

---

[5] Sobre o propiciatório, ver nota da *Bíblia de Jerusalém*, em Ex 25,17. Para o rito de expiação, ver Lv 23,14.

[6] Sobre o conceito de "redenção", ver nota da *Bíblia de Jerusalém*, em Rm 3,24.

agradável" a oferta generosa dos cristãos. Ora, trata-se aqui de ofertas materiais, muito provavelmente de dinheiro. Já em Ef 5,1-2, o que é "oferta e sacrifício de odor suave" não é um bem material e sim o próprio Cristo. Aqui já vemos aplicada à morte de Cristo toda a espiritualidade oblativa da teologia sacerdotal com a linguagem do sacrifício: ele "nos amou e se entregou por nós a Deus, como oferta e sacrifício de odor suave". Dessa oblação espontânea de Cristo nasce a exigência para nós, de também amar "como Cristo": "tornai-vos, pois, imitadores de Deus, como filhos amados, e andai em amor, assim como Cristo". O amor de Deus, manifestado no Cristo que se entrega, é a fonte que nos torna também oblativos, amando como ele e nos entregando em favor dos irmãos. Esse mesmo argumento é usado para a relação matrimonial: os maridos devem amar suas esposas "como Cristo amou a Igreja e se entregou por ela" (5,25).

À época da Carta aos Efésios já se fala da morte de Cristo numa ótica cultual, como sacrifício, mas aqui o "sacrifício" tem um sentido muito diferente. Aqui ele é ato e prova do amor oblativo, oferente de Deus e de Cristo, pois é entrega de si. Podemos então dizer: Deus não nos dá simplesmente coisas, auxílios materiais para o nosso sustento. Ele nos dá o seu próprio Filho, o maior de todos os auxílios de que precisamos. Podemos ir mais longe e dizer até que Deus "se dá" a nós, na pessoa do Filho.

O mesmo pensamento encontra-se na Carta aos Hebreus, datada de 67 E.C. Toda a epístola utiliza os conceitos cultuais judaicos e os aplica a Cristo de uma forma direta. Basta perceber como essa epístola também adota a leitura da morte de Cristo na ótica sacrifical, sobretudo no capítulo 9: "Ele entrou uma vez por todas no Santuário, não com o sangue de bodes e de novilhos, mas com o próprio sangue, obtendo uma redenção eterna" (v. 12), "se ofereceu a si mesmo a Deus como vítima sem mancha" (v. 14), "sua morte aconteceu para o resgate das transgressões cometidas..." (v. 15), "não foi para oferecer-se a si mesmo muitas vezes [...] mas foi uma vez por todas [...] para abolir o pecado mediante o seu próprio sacrifício" (vv. 25-26), "Cristo foi oferecido [...] para tirar os pecados da multidão" (v. 28).

Aqui a noção de sacrifício é inserida no contexto oblativo, apesar do aspecto cruel presente na morte de Cristo. Na cruz ele realizou a sua entrega, sua oblação, obtendo do Pai o perdão para todos.

Um novo passo deve ter sido dado pela teologia joanina, que assume esse rico conceito da entrega de Cristo por amor, cuja interpretação na ótica sacrifical e expiatória já estava consolidada no final do século I, e introduz a imagem da "vítima de expiação pelos pecados", aplicando-a a Cristo (cf. 1Jo 3,16). Assim, a entrega de Cristo na cruz produz, para toda a humanidade, o mesmo efeito (a redenção) que o sacrifício de expiação produzira para Israel: o perdão dos pecados.

O sacerdócio comum dos cristãos

Ao contrário de Hebreus, a Primeira Carta de Pedro jamais atribui a Jesus alguma função sacerdotal, nem mesmo simbolicamente, nem lhe aplica o título de sacerdote. De fato, Jesus não era de família sacerdotal, nem instituiu sacerdotes para ministrar um novo culto. O texto de 1Pd 2,4-10 o relaciona explicitamente com a pedra, a rocha, apresentando-o como pedra de fundação. Há uma relação com o contexto do Êxodo, em que Deus é a rocha que salva o povo. Porém, é bem mais explícita a aplicação a Jesus, da imagem profética da pedra que, para os que crêem, é salvação, mas para os que não crêem é "pedra de escândalo e tropeço" (Is 8,14; 28,16). Mas, se nas Escrituras judaicas, o povo não podia aproximar-se da montanha, sob pena de morte (Ex 19,12-13), agora os cristãos *devem* aproximar-se de Jesus, "a pedra que foi rejeitada pelos homens, mas escolhida por Deus" (1Pd 2,4).

O texto da Primeira Carta de Pedro está repleto de ligações com Ex 19.[7] A aplicação aos cristãos da expressão "sacerdócio real" se baseia em Ex 19,6, onde Israel é chamado a ser "um reino de sacerdotes e uma nação santa", citado de acordo com a tradução grega dos Setenta. Onde o texto hebraico fala de "reino de sacerdotes", o texto grego criou um termo novo com sentido coletivo: sacerdócio (*hieráteuma*), ao invés do substantivo concreto sacerdote (*hiereus*). A tradução de *basíleion hieráteuma* é, portanto, "sacerdócio real" entendido como uma característica do conjunto do povo, ou seja, de uma "comunidade toda ela sacerdotal e régia".

Em outras palavras, a Primeira Carta de Pedro resgata, pois, das Escrituras judaicas, o sentido comunitário do sacerdócio, não mais identificando o termo sacerdote com uma pessoa que desempenha funções específicas no culto. Nessa perspectiva, os cristãos são herdeiros desse sacerdócio comum pela sua eleição em Cristo, que realizou a maior de todas as libertações, no maior de todos os sacrifícios, constituindo para si esse novo povo sacerdotal.

Esse serviço sacerdotal, comum a todos os fiéis, se concretiza no oferecimento de "sacrifícios espirituais", por meio das obras de cada batizado, de suas orações e louvores, de seu culto a Deus, de seu testemunho de fé.[8] O seu culto se dá na vivência cotidiana da Palavra, nas situações mais diversas e comuns da vida, à qual o autor passa a exortar a partir de 1Pd 2,11ss. Desta forma, a comunidade cristã se constitui em "novo

---

[7] Cf. a nota da *Bíblia de Jerusalém*, em 1Pd 2,4.

[8] Veja, sobre o sacerdócio comum dos fiéis, *Lumen Gentium*, n. 10.

Israel", transferindo para si as prerrogativas que antes eram exclusivas da nação israelita.

Nesse novo contexto, se fala em sacerdócio comum do povo cristão, sem querer, com isso, estabelecer uma nova "casta sacerdotal" nem tampouco substituir o sacerdócio já extinto no judaísmo. O sacerdócio é uma característica de toda a comunidade cristã. Daí considerar Jesus como o "verdadeiro sacerdote" desse novo "povo sacerdotal" é só um passo. Mas a Primeira Carta de Pedro não chega a esse ponto.

Todo cristão é "rei" e "sacerdote"

O Apocalipse faz uma releitura de Êxodo 19,6 diferente da Primeira Carta de Pedro, distinguindo os dois conceitos de "realeza" e "sacerdotes" (Ap 1,6 e 5,10) e aplicando-os, separadamente, aos cristãos. Ao contrário de "sacerdócio régio", os cristãos "de toda tribo, língua, povo e nação" são feitos "realeza" e "sacerdotes" para Deus, mediante a imolação do Cordeiro que "lavou os nossos pecados" (Ap 7,14; 22,14). Todos recebem, portanto, a mesma dignidade de reis e de sacerdotes. Esta universalidade é comprovada pelo uso da fórmula em Ap 5,10, já usada por Daniel (Dn 3,4.7; 6,26). A Primeira Carta de Pedro afirma que os cristãos participam de um sacerdócio régio, comum a todos. O Apocalipse, ao separar os conceitos, assume essa idéia do sacerdócio comum e acrescenta a da participação na realeza, atributo que cabe muito bem a Cristo, "o Rei dos reis da terra" (Ap 1,5; 19,16) e que ele compartilha com todos os redimidos, que "reinarão com ele sobre a terra" (Ap 5,10; Mt 19,28).

Nesse sentido, o Apocalipse aponta para a realidade escatológica, quando se celebrará a vitória final de Cristo sobre seus inimigos. Mas este combate vai sendo travado agora, na história, onde já desponta a vitória dos que "lavaram suas vestes no sangue do Cordeiro" (7,14). São os cristãos que enfrentam toda sorte de perseguição e agressão, por parte dos que "servem à Besta", que era o Império Romano. É na vida e na luta sofrida do povo que Cristo combate seus adversários. Mas a sua vitória já é cantada e celebrada pelos que estão na luta. A realeza e o sacerdócio já são realidades latentes na história. Por isso, a comunidade perseguida explode em cantos de libertação, em hinos de vitória e aclamações de alegria, ao mesmo tempo em que entoa, ironicamente, seu canto de "lamentação" pela derrocada das forças inimigas.[9]

Cristo é equiparado ao sumo sacerdote

Toda a epístola aos Hebreus está estruturada em torno desta idéia: Cristo é o Sumo Sacerdote da Nova Aliança. Seu sacrifício expiatório tem um alcance universal e definitivo. Se a epístola de Pedro aplicava o sacerdócio aos cristãos, sem aplicá-lo a Cristo especificamente, Hebreus faz o contrário: relê a morte de Jesus na ótica sacrifical, vendo-o como sacerdote e vítima, o oferente e a oferenda, ao mesmo tempo. Ele se ofereceu a si mesmo a Deus, como vítima perfeita de expiação pelos nossos pecados, e por isso se tornou o verdadeiro sacerdote. Trata-se de uma nova concepção do sacerdócio, pois Jesus era "leigo", não sendo de descendência levítica. Hebreus está repleta de termos e conceitos referentes ao culto e ao exercício da função sacerdotal, presentes nas Escrituras judaicas: sacerdote, sumo sacerdote, sacerdócio, sacrifício, expiação, vítima, sangue, altar, santuário, tenda, ministério, oferenda, oferecer, bênção, abençoar, rito, culto. Toda a argumentação do autor parte da demonstração dessas realidades no tempo do judaísmo, em relação à nova realidade a partir de Cristo.

---

[9] Veja os diversos hinos inseridos ao longo do livro: Apocalipse: 2,26-27; 3,7; 4,8.11; 5,9-10.12.13; 7,10.12.15-17; 11,15.17-18; 12,10-12; 14,7-8; 15,3-4; 16,5-7; 18,2-3.4-8.10.14.16-17a.19-20.21-24; 19,1-8; 21,3-7.24-27; 22,3-5.

Para embasar seus argumentos sobre o "novo e superior sacerdócio" de Cristo, Hebreus não poderia recorrer aos argumentos tradicionais, comumente aceitos durante séculos no judaísmo, segundo os quais só poderiam ser sacerdotes os que descendessem da estirpe de Levi ou de Aarão ou de Sadoc. Jesus não se encaixava nesses critérios, não podendo reivindicar para si essa função. O autor de Hebreus buscou, então, nas Escrituras judaicas, alguns textos que demonstram existir outra forma de sacerdócio, diferente do levítico. O salmo 110,1.4 é especialmente recordado nesse sentido. Ele anuncia "outro sacerdote", não da linhagem de Aarão. Trata-se de Melquisedec (Gn 14,18-20), um "sacerdote do Deus Altíssimo", sem genealogia e que não é nem mesmo da raça de Abraão, mas um estrangeiro a quem Abraão reconhece ao entregar-lhe o dízimo e de quem recebe a bênção. Também o Salmo 95,7-11 é bastante comentado. O texto de Jr 31,31-34 é fundamental para compreender o alcance do sacrifício de Cristo para o autor de Hebreus: "Eis que dias virão – oráculo do Senhor – em que selarei com a casa de Israel (e com a casa de Judá) uma nova aliança".

Para o autor, esse novo sacerdócio já estava, de certa forma, anunciado profeticamente nas Escrituras e realizou-se plenamente em Cristo. Coerente com a corrente teológica que lê a morte de Jesus na ótica sacrifical da expiação, o autor da epístola vê a cruz e a ascensão de Cristo como a verdadeira expiação dos pecados, como vemos no ritual que o sumo sacerdote judeu devia realizar: sacrificar um novilho e aspergir seu sangue sobre si e sobre o povo, para depois entrar no Santuário, restabelecendo a comunhão entre Deus e Israel. No entanto, para o autor de Hebreus, Cristo realizou isso de uma vez por todas e de uma forma muito mais sublime: ele não tinha pecado, enquanto o sumo sacerdote devia purificar-se a si mesmo; ele não ofereceu o sangue de um animal, mas sim o seu próprio sangue, ou seja, não sacrificou algo por nós, mas sacrificou-se por nós!

Não entrou no Santuário feito por mãos humanas, a Tenda ou o Templo de Jerusalém, mas sim no próprio Santuário do Céu, do qual este Templo é apenas uma cópia. Essa argumentação é desenvolvida no cap. 9, que situa o rito expiatório judaico (vv. 1-10) e depois apresenta Cristo como "sumo sacerdote dos bens vindouros" que "atravessou uma tenda maior e mais perfeita" (v. 11) (o céu, aludindo à ascensão; cf. v. 24), para daí estabelecer o valor maior do sacrifício de Cristo (vv. 11-28).

Com esses argumentos, todo o escrito aos Hebreus é uma apresentação de Cristo como sumo sacerdote perfeito, mas não mais no nível do sacerdócio judaico, ainda que Hebreus utilize a mesma terminologia. Dessa forma, a epístola resgata a dimensão sacrifical, que é central na teologia da Obra Sacerdotal, mas lhe dá um sentido totalmente novo. Não só decreta o fim dos sacrifícios judaicos (que já não existiam depois da destruição do segundo templo), como também o fim de todo tipo de "sacrifício". O culto cristão, neste sentido, é, antes de tudo, a expressão atual do único gesto que realmente salva: o dom da vida de Cristo. Centra-se, portanto, na oblatividade e na ação de graças, no diálogo de oferentes.

O ministério sacerdotal na Igreja

Em Hebreus, o título de "verdadeiro sumo sacerdote" é atribuído a Jesus de forma metafórica e não histórica, institucionalizada. O autor não deduz um "sacerdócio comum dos fiéis" a partir do sacerdócio de Cristo. Mas vê o exercício desse sacerdócio único de Cristo se realizando, concretamente, por meio das "lideranças" da comunidade, que fazem o papel de Cristo, pois "iniciam" os cristãos na fé e na salvação, por seu zelo pastoral e por sua conduta (Hb 3,12)[10] e representam o

---

[10] Cf. também em Hb 6,9.11; 13,17.

Cristo, pela autoridade de sua pregação (Hb 13,7).[11] A Epístola aos Hebreus alude à iniciação batismal e à liturgia cristã, como elementos unificadores da comunidade (Hb 6,4-5),[12] onde as "lideranças" deviam exercer um papel litúrgico, iluminado pelo "grande Pastor das ovelhas" (Hb 13,20).

Porém, o fato de aplicar às "lideranças" da comunidade o papel de representantes de Cristo sumo sacerdote não os constitui "sacerdotes", no sentido institucional, não faz deles uma classe sacerdotal dentro do povo de Deus, à semelhança da classe sacerdotal levítica dentro do judaísmo. Apenas ressalta que eles devem testemunhar esse Cristo, único sacerdote, com a sua maneira de conduzir a comunidade. Constituir uma nova classe sacerdotal cristã seria voltar ao esquema anterior do judaísmo, que Hebreus insiste em mostrar que já foi suplantado por Cristo. Assim sendo, a epístola nunca dá a essas "lideranças" o título de "sacerdotes".

Já a Primeira Carta de Pedro e o Apocalipse, como vimos, aplicam o conceito de sacerdócio e de sacerdote, respectivamente, ao conjunto do povo de Deus (sacerdócio comum dos fiéis na Primeira Carta de Pedro) e a cada cristão em particular (participação no sacerdócio de Cristo, no Apocalipse). Segundo os três textos, então, toda a Igreja é sacerdotal, em virtude da sua união com Cristo, único e eterno sacerdote, e cada cristão, homem ou mulher, é sacerdote ou sacerdotisa, enquanto participa desse único sacerdócio de Cristo.

Isto tem conseqüências imediatas em nossa compreensão atual do sacerdócio. Se hoje as lideranças da Igreja são identificadas como "sacerdotes", deveríamos entender isso no sentido metafórico, enquanto, em nome da comunidade cristã, são os

---

[11] Cf. também em Hb 2,3-4; 4,12; 12,25.

[12] Cf. também em Hb 10,22.25; 13,10-15.

que oferecem, liturgicamente, o sacrifício de Cristo ao Pai. A evolução da estrutura hierárquica da Igreja, ao longo de dois milênios, infelizmente nos trouxe a uma situação em que, hoje em dia, os ministros ordenados (padres e bispos) são considerados uma "classe distinta" dos demais cristãos, os leigos, como se estes não participassem do sacerdócio de Cristo, que então fica reservado somente aos ministros ordenados. No entanto, o Concílio Vaticano II resgatou a compreensão do sacerdócio presente no Segundo Testamento, retomando o sacerdócio comum dos fiéis, recebido no batismo, como base e fonte do ministério sacerdotal dos padres, ou presbíteros, conferido pela ordenação, pela qual o ministro ordenado exerce seu sacerdócio em nome da comunidade sacerdotal e a serviço dela.[13]

Conseqüentemente, cai-se com freqüência nos mesmos vícios da classe sacerdotal dos tempos bíblicos. A superação desse modelo de compreensão do papel do padre/presbítero passa por uma valorização do sacerdócio comum dos fiéis, abrindo sempre mais espaço para que os leigos assumam seu papel na construção da comunidade, nas decisões e também na participação litúrgica. Deve-se buscar o modelo de uma Igreja toda ministerial, dividindo mais os serviços, até porque humanamente um padre ou presbítero já não dá mais conta de tanto trabalho e responsabilidade nas suas costas, e o número de padres está cada vez menor em relação ao crescimento da população. Isso não diminui o valor dos presbíteros enquanto "liderança" da comunidade, pois esse papel sempre será necessário. No entanto, deverão exercê-lo de forma servical e na co-responsabilidade.

---

[13] *Lumen Gentium.*

VI
Conclusão

A teologia sacerdotal é a reflexão de fé sobre a vida, o mundo, o ser humano e suas relações com Deus, que os autores de alguns textos bíblicos deixaram impregnadas em seus escritos, identificadas como "Obra Sacerdotal". Esses autores são um grupo de sacerdotes israelitas que viveram no exílio, na Babilônia, e no pós-exílio, e tiveram interesse em refletir sobre a "história" de Israel a partir da situação em que se encontrava o povo naquele momento. Por isso, recolheram suas tradições, algumas já escritas, outras somente orais, e elaboraram também sua própria tradição, pondo tudo isso por escrito. Neste livro, procuramos abordar alguns elementos dessa teologia, dando ênfase à dimensão oblativa que lhes serve de inspiração.

Partindo desse material sacerdotal, em que a questão do culto com suas ofertas e sacrifícios tem uma relevância primordial, procuramos mostrar como a oblatividade está presente nos diversos textos bíblicos onde há uma relação oferente entre Deus e o povo e vice-versa. Deus é sempre o princípio doador, o primeiro oferente, que toma a iniciativa de dar e oferecer, mas não simplesmente de dar coisas, e sim de dar-se naquilo que dá. Assim, nossa intenção foi descobrir em toda ação de Deus e mesmo em seus muitos preceitos, segundo a Obra Sacerdotal, esse caráter oblativo, de oferecimento, de entrega, de graça dada. Em contrapartida, procuramos também demonstrar que toda ação humana pode ser uma resposta oblativa, uma grande oferenda participando do ser oblativo do próprio Deus. Essa relação dialogal-oblativa se realiza em toda a vida do fiel que se sabe objeto do amor e da graça constantes de Deus, e se concretiza no culto, que é essencialmente comunitário, embora não dispense o culto individual, interior, espiritual. "De mãos estendidas ofertamos, o que de graça recebemos."[1]

Mostramos como o culto judaico dava importância no ato sacrifical, no sentido positivo de "tornar sagrado" aquilo que queremos ofertar a Deus. Toda entrega, toda doação sempre traz uma conotação de perda, de morte, porque nos destaca da oferenda, como se "algo de nós morresse". Mas a oblatividade da entrega nos permite "receber de volta" o que damos, pela comunhão que se cria entre o que oferece e o que recebe. Assim, falamos de sacrifício-oblativo ou de oblação-sacrifical. É essa maneira de viver e celebrar o sacrifício que quisemos descobrir na base do culto de Israel. Dele, a tradição cristã hauriu toda a sua liturgia. Mostramos também como historicamente a dimensão oblativa foi sendo encoberta, dando lugar a uma visão ritualista, vazia e retribucionista do culto, graças à crescente centralização do poder num grupo sempre mais restrito.

Para descobrir os elementos fundamentais da teologia sacerdotal, percorremos a "história" de Israel, segundo esta mesma teologia, que vai desde as origens da humanidade, na criação, até o momento em que as tribos, guiadas por Moisés e Aarão, estão às portas da Terra Prometida, a terra de Canaã. Descobrimos que o centro organizador de toda a vida de Israel é a Tenda de Deus, a "Habitação". Aí se manifesta a presença de Deus e se realizam o culto, os sacrifícios, cujo objetivo é a glória do Deus Santo, que em contrapartida exige a santidade do povo que ele separou do meio das outras nações, para ser seu povo particular.

---

[1] MILANEZ, Sílvio. Música: *De mãos estendidas*, fev. 2008. Disponível em: <http://www.google.com.br>. Acesso em fev. 2008.

Esse destaque assumiu, para Israel, o aspecto de uma vida diferente que ele tem de levar, em face dos outros povos. A exigência de santidade se traduz, concretamente, na observância dos ritos, sobretudo os de pureza. É guardando-se da impureza deste mundo que o povo israelita manteria sua identidade de povo do Senhor.

Tal perspectiva teológica está profundamente marcada pela experiência histórica que mais marcou o povo e ecoava no seu coração à época da redação e compilação do material sacerdotal: o exílio na Babilônia. Aí os deportados deviam agarrar-se às suas tradições, especialmente a observância do sábado, a circuncisão, a celebração de suas festas, o cuidado para não se tornarem impuros e a expectativa do cumprimento da Aliança, para não se perderem na desilusão do fracasso, nem se dissolverem no meio dos povos estrangeiros, perdendo sua identidade de povo particular de Deus.

Assim, a Obra Sacerdotal colaborou muito para que Israel saísse do buraco, precisamente o exílio. Mas essa visão das coisas tem seus limites: "todo ponto de vista é a vista de um ponto". A concentração de poder nas mãos dos sacerdotes levou a uma visão fortemente clerical da vida. Eram eles que determinavam o que os israelitas deviam fazer ou não, para estar "na presença do Deus Santo". Até a vida íntima das pessoas se tornou objeto de legislação. A excessiva insistência em observar os preceitos, sobretudo os ligados ao culto e às condições para participar dele, levou a um ritualismo que chegou algumas vezes à incoerência. A oblatividade das ofertas muitas vezes foi substituída pela necessidade de purificação.

A tradição cristã se uniu à tradição judaica como dois rios de águas diferentes, que só se misturam depois de alguns quilômetros correndo juntas. Procuramos perceber, neste livro, a presença de elementos da teologia sacerdotal nas

Escrituras Cristãs. Centralizamos nosso estudo no resgate da dimensão oblativa da vida, do culto e dos sacrifícios, a partir da leitura sacrifical que alguns textos cristãos fazem da morte de Jesus Cristo. Sabemos que a relação de Jesus com as realidades próprias do culto judaico em seu tempo foi, no mínimo, questionadora, se não revolucionária: ele é "leigo", pois não descende de família levítica; relativiza a observância de certos preceitos como o jejum, o sábado, a pureza, os sacrifícios; ressalta o aspecto interior da verdadeira relação com Deus; propõe um novo referencial para o culto: não mais o Templo, a antiga Tenda da Habitação, mas seu próprio corpo, que se faz presente "no menor dos irmãos" e "onde dois ou três estiverem reunidos em seu nome".[2] A teologia cristã, então, sobretudo com base na Carta aos Hebreus, aplicou a Cristo todo o conceituário próprio do culto israelita, chamando-o de "verdadeiro sumo sacerdote" e traduzindo sua morte na cruz como "sacrifício de expiação", em que ele mesmo é a "vítima". Por conseguinte, os cristãos unidos a Cristo, sacerdote pelo batismo, têm seu ponto de partida e seu centro na oferta oblativa que Cristo faz de si mesmo, por amor, para introduzir a todos à presença de Deus, no verdadeiro santuário do Céu.

Assim, o serviço ou culto a Deus, hoje, precisa ser entendido no horizonte dessa nova compreensão do "sacerdócio" como oblação, entrega, oferecimento, serviço, amor, solidariedade, perdão e resgate da vida de toda pessoa humana. Todos os cristãos são chamados a exercer esse sacerdócio no mundo, para santificá-lo na força da oblação universal de Jesus Cristo. Essa nova compreensão do sacerdócio resgata e atualiza a dimensão oblativa da vida, que podemos encontrar em toda a Bíblia.

---

[2] Jo 2,21; 4,21-24; Mt 25,31-46.

Bibliografia

BÍBLIA DE JERUSALÉM. São Paulo, Paulus, 1985.

CASTELOT, John. *Grande comentário bíblico*. Brescia, Queriniana, 1973.

GOTTWALD, N. K. *Introdução socioliterária à Bíblia hebraica*. São Paulo, Paulus, 1988.

GRUEN, Wolfgang. *O tempo que se chama hoje*. São Paulo, Paulus, 1977.

MONLOUBOU, L; DU BUIT, F. M. *Dizionario Bíblico Storico/Critico*. Roma, Borla, 1987.

RENCKENS, H. *A religião de Israel*. Petrópolis, Vozes, 1969.

SCHUBERT, Kurt. *Os partidos religiosos hebraicos da época neotestamentária*. São Paulo, Paulus, 1979.

SCHWANTES, Milton. *Projetos de esperança*: meditações sobre Gn 1–11. São Paulo, Paulinas, 2002.

SICRE, José Luís. *Introdução ao Antigo Testamento*. Petrópolis, Vozes, 1995.

VV.AA. *Dicionário internacional de Teologia do AT*. São Paulo, Vida Nova, 1998.

Sumário

APRESENTAÇÃO 7

INTRODUÇÃO 9

I – O CULTO ISRAELITA CENTRADO NA GRATUIDADE........11

A Obra Sacerdotal e a busca do sentido oblativo da
vida...11

O sentido oblativo presente na relação com Deus............13

A oferenda vista como sacrifício 14

Oferecer-se a si mesmo: eis o mais sublime sacrifício 16

"Sereis para mim uma propriedade particular..."
(Ex 19,5)..18

**II – OS SACERDOTES EM ISRAEL, MINISTROS DO CULTO
OBLATIVO**...25

Significado do nome "sacerdote" na Bíblia 25

Os diferentes grupos sacerdotais na "história" do
povo da Bíblia..27

O sacerdócio israelita na visão dos escritos bíblicos
de cada período...34

Múltiplas funções dos sacerdotes israelitas 47

Fraquezas e sombras do sacerdócio em Israel 54

**III – A TEOLOGIA SACERDOTAL NAS ESCRITURAS
JUDAICAS** 59

Sacerdotes escritores? 59

A "história" da humanidade e de Israel segundo a Obra
Sacerdotal 60

A história de Israel retratada nos inícios da
"história" da humanidade em Gn 1–11 61

A "história" de Israel..78

IV – ELEMENTOS TEOLÓGICOS DA OBRA SACERDOTAL 101

O dom da terra 101

O dom da Aliança 102

O culto sacrifical é a resposta ao dom de Deus 103

O culto ao Deus santo exige pureza 104

A purificação pelos sacrifícios de expiação 104

As festas, com seus ritos, celebram os dons de Deus 106

O valor do santuário e dos ritos 107

O valor das leis 108

O dom da bênção 109

A gradual revelação divina 110

A chave de interpretação é o exílio na Babilônia 110

V – A TRADIÇÃO SACERDOTAL NA RELEITURA CRISTÃ DAS ESCRITURAS 113

Situação do sacerdócio israelita no século I da
era comum 114

Elementos da teologia sacerdotal nas Escrituras cristãs ... 117

O ministério sacerdotal na Igreja 126

VI – CONCLUSÃO 129

BIBLIOGRAFIA 133

Impresso na gráfica da
Pia Sociedade Filhas de São Paulo
Via Raposo Tavares, km 19,145
05577-300 - São Paulo, SP - Brasil - 2008